НОВЫЙ ЭТАП ИСТОРИИ

Тексты выбрала
Мария Лекич

От автора

Автор вьражает глубокую признательность всем, кто принимал участив в подготовке данной книги. Эта книга не вышла бы в свет без активного содействия и всесторонней помощи Льва Гущина, главного редактора "Огонбка", и Вильяма Пэттиса, президента издательства NTC Publishing Group, знтузиазм и интерес которого к изучению русского языка и русской литературы США являются основой этого проекта Осуществлению проекта способствовало постоянное сотрудничество высокопрофессиональных редакторов, особенно Майкла Росса и Тимоти Рогуса из учьного отдела NTC. Весь проект пользовался консультативной поддержкой и технической помощью Американского Совета Преподавателей Русского Языка и Литературы, особенно Лизы А. Чоут и Анны Коннолли из Вашингтонского бюро АСПРЯЛа. Все замечания и комментарии, касающиеся улучшения данной книги или ее последующих изданий, просьба направлять в издательство или в АСПРЯЛ по адресу: 1776 Massachusetts Ave. N.W., Washington, D.C. 20036, U.S.A.

Об авторе

Мария Лекич получила диплом Доктора Наук по Славянским языкам и литературе в Пенсильванском Университете. В настоящее время она - профессор русского языка в Мзрилэндском университете. Мария Лекич яаляется автором нескольких учебников русского языка, а также ряда научных статей.

© 1994 National Textbook Company, филиал NTC Publishing Group,
4255 West Touhy Avenue, Lincolnwood, (Chicago) Illinois U.S.A. 60646–1975.
Все издательские права сохранены. Репродукция или распространение любой части этой книги в какой–либо системе или каким–либо способом (электронным, копировальным, механическим, звуко– или видеозаписью и т.д.) без письменного разрешения NTC Publishing Group запрещается.
Напечатено в США.

СОДЕРЖАНИЕ

ПОРТРЕТЫ СОВРЕМЕННИКОВ 1
Человек 19-91   3
Оставаясь самим собой   7
Никогда не поздно   10
Людмила Целиковская   16
Эдуард Успенский   19

ЧЕЛОВЕК И ОБЩЕСТВО 21
Портрет на память   23
Детские игры   30
Отцы-одиночки   36
Пуля на шее   41
Последний шанс   46
Кончится ли наша зима?   48
«Огонёк» — АнтиСПИД   51

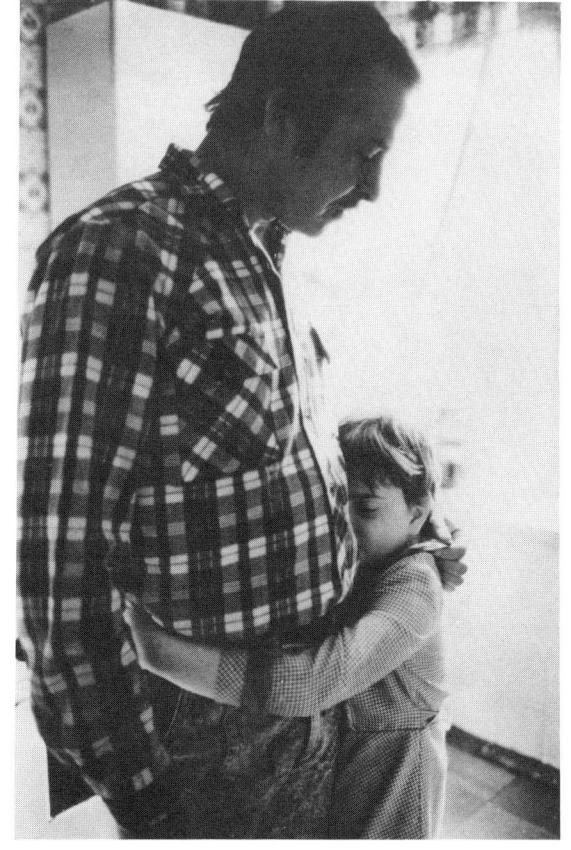

УРОКИ ИСТОРИИ 57
   Краткий курс   59
   Возродись во мне Бог   63
   Плач по цензуре   67
   Уроки чужой беды   71
   Печальный аист   74
   Безработица: в круге первом   78

СВЕТСКАЯ ХРОНИКА 85
   Спорт толстых и ленивых   87
   Сытые, умные, интеллигентные   89
   19 августа   92
   Подайте милостыню ей...   94

12 апреля 1961 года первый человек вырвался в космическое пространство, преодолев силу земного притяжения. Сто восемь минут парил над нашей планетой корабль «Восток», пилотируемый Юрием Гагариным.

В 1969 году астронавт США Нил Армстронг ступил на поверхность Луны. С годами крепло понимание того, что наиболее эффективным путем в исследовании космоса является международное сотрудничество. Ярким подтверждением этого стал совместный советско-американский полет «Союз»—«Аполлон» в 1975 году. Затем совместные полеты космонавтов из разных стран стали неотъемлемой чертой освоения Вселенной.

Звездный путь человечества нашел многообразное отражение в предметах коллекционирования — почтовых марках, спичечных этикетках, памятных медалях... Своеобразной миниатюрной «энциклопедией в металле» стали значки на космическую тему, которые сопровождают едва ли не каждый взлет к звездам.

В моей коллекции значков есть специальный раздел, посвященный космосу и его первооткрывателю Гагарину, он состоит из нескольких сотен значков. Демонстрация таких значков в США, на мой взгляд, вызовет интерес не только у коллекционеров, но и у всех тех, кто не относится равнодушно к истории развития космонавтики. Собранную воедино (2 стенда — 400 значков) коллекцию значков, отображающих развитие космической эпохи, я готов предложить для показа в США. Коллекция эта в соавторстве с американским фалеристом могла бы послужить основой для подготовки иллюстрированного издания, освещающего основные этапы освоения космоса.

Н. Сидоренко
Москва

ПОЧТА «ОГОНЬКА» 97
Быть русским в Прибалтике 99
Ответ на обращение 102
Новое имя старой библиотеке 105
Создать коллекцию значков 107

Идет переоценка многих исторических событий и политических деятелей прошлых лет. В частности, неоднозначно отношение и к личности В. И. Ленина, который стараниями партийных идеологов превращен в божество, в объект безрассудного идолопоклонства. В стране ему установлены десятки, если не сотни тысяч памятников. Еще больше портретов и бюстов, без которых почти не обходится ни одно учреждение. А сколько предприятий и других организаций носят имя вождя Революции — начиная от захудалого колхоза и кончая большим городом! Об отдельных улицах, проспектах, площадях уже и не говорю.

В то же время мы нередко забываем увековечить память других достойных соотечественников. Возьмем хотя бы Государственную библиотеку имени В. И. Ленина. Как известно, создана она на базе музея, организованного собирателем древних книг и грамот — выдающимся государственным деятелем графом Н. П. Румянцевым. В свое время эту библиотеку так и называли — Румянцевской.

Не логично ли вернуть ей имя ее основателя? А у Владимира Ильича заслуженной славы и так хватает.

М. Головко
Иваново

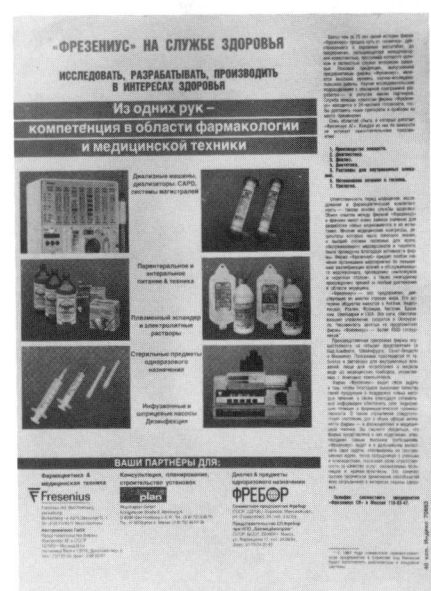

РЕКЛАМЫ 109

«Фрезениус» на службе здоровья   111
Рамакс   112
Ортэкс   115
Госпиталь № 2   117
Сибинвестбанк   119
Омоложение   120
Ваш бизнес-блокнот   123

ПРЕДИСЛОВИЕ

«Огонёк», пожалуй, самый популярный русский журнал, который выходит еженедельно почти двухмиллионым тиражом. Вместе со всей страной изменился и «Огонёк». Ушёл его знаменитый главный редактор Коротич, который сделал так много для «Огонька» и для всей либеральной прессы. На посту главного редактора его сменил его бывший заместитель Лев Гущин. Прочитайте, что он говорит о переменах в «Огоньке»:

«...Мы стараемся меняться — становимся менее говорливыми, менее назидательными, стараемся быть ярче, зрелищней, стремимся говорить проще, более внятно. Пробуем заинтересовать и тех, кто искал пока «свою» информацию в других изданиях.

«Огонёк» в движении, в поисках, в переменах. Но одно постоянно и незыблемо — демократизм, защита человеческого достоинства, неприятие любого диктата, служение делу, а не личностям, пусть даже самым уважаемым. И ещё — основательность, точность, респектабельность, если хотите. Читатель обязывает. На том и стоим».

Надеемся, что нам удалось сохранить эти особенности «Огонька» в тех статьях и материалах из этого журнала, которые вошли в наш сборник. В чтении этих материалов вам помогут вопросы и задания, которые сопровождают каждую публикацию.

Желаем удачи!

М. Лекич

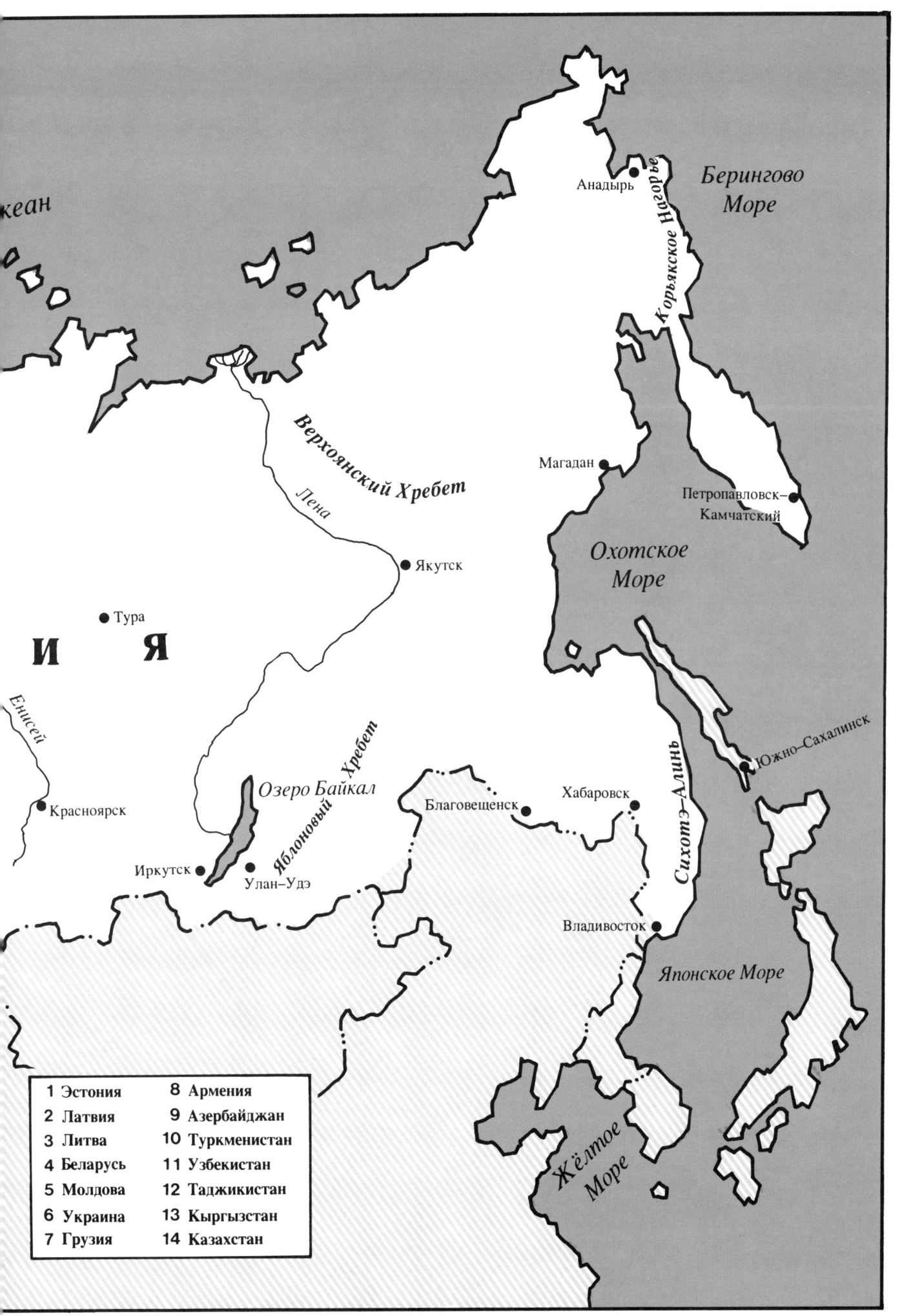

ПОРТРЕТЫ СОВРЕМЕННИКОВ

■ ИТОГИ

ЧЕЛОВЕК 19-91

Сравнение года, тем более такого, как 1991-й, с поездом банально. Кто же тогда Борис Ельцин, «человек года»? Он, конечно, не машинист «поезда 19-91» и уж тем более (надеемся) не «комендант». Но он, разумеется, и не просто пассажир, один из всех нас, толкающихся и сонливых, бегающих взад и вперед по вагонам и дремлющих на полках. Пожалуй, роль Ельцина названа так же правильно, как и неопределенно, — «человек 19-91».

Год был богат для Ельцина испытаниями и триумфами — столько у него, пожалуй, и во всю предыдущую жизнь (тоже не пустую!) не было. Он кончается маленьким символом — та самая газета «Республика», которая в 1989 году печатала глупые и развязные инсинуации о том, сколько бутылок водки в день глушит «русский медведь», сегодня почтительнейше публикует интервью с Ельциным. И именно в этой «Республике» он мерно и неотвратимо, «железным голосом» отмеривает последний срок Горбачеву — тот должен уйти не позже середины января 1992 года... Да, в 1989 году ни Горбачеву, ни Ельцину, ни редактору «Республики», ни одному магу и предсказателю подобное и в страшном сне бы не привиделось.

Он — триумфатор. Но он победил в прыжках в высоту на болоте, и чем выше взлетаешь, тем непонятнее, где опустишься. И сегодня не надо быть профессиональным пророком, чтобы легко вывернуть, как перчатку, наизнанку любую из его побед и уверенно каркнуть о скором крахе — крахе, тем более грозном и ужасном, что отныне между Ельциным и голодным народом не стоит уже никто, кивать не на кого, винить некого. Ельцин мощно бился и побеждал, но не одерживал ли он весь год пирровы победы, не перепиливал ли сук, на котором сам сидел, не проламывал ли ту стену, которая его защищала от смертельных бурь и ураганов?

В этом смысле судьба его заклятого друга — Горбачева — грозное предостережение. Горбачев поистине сжимал в руке шагреневую кожу — чем больше возрастала его формальная власть, тем быстрее таяла кожа. Генсек — Председатель — Президент — Президент с чрезвычайными полномочиями... Все выше, и выше, и выше по осыпающемуся песчаному бархану. Роковым для Горбачева стало изобретение поста Президента — тут же возникли президенты республик, и лоскутное одеяло разорвалось на глазах всего мира. А сегодня только ленивый не переносит ту же логику на Ельцина, только немой не кричит о скором развале России, «освободившейся от давления тоталитарного Центра». При этом Горбачев уходит именно потому, что за его спиной стоит Ельцин. Ельцину же «в случае чего» уходить будет некуда — за ним политический вакуум.

Семь лет страна, освобождаясь от пут, падала все ниже. Политики изобретательно обслуживали этот процесс движения в одном и том же направлении, не забывая, впрочем, произносить и слова про «возрождение». Но если страна будет двигаться так дальше, то при следующем же серьезном потрясении Ельцин исчезнет: дальнейшее движение вниз с логической неизбежностью ведет к расколу России, и в первую же трещину провалится нынешняя российская власть. Значит, уже не слова, а сама логика политического выживания поставила Ельцина перед необходимостью изменить направление движения. Лифт больше не может спускаться — некуда! Должен начаться подъем.

Сказать и обещать это намного легче, чем сделать... Я не собираюсь (тем более я не экономист) обсуждать планы Гайдара. Больше того, я твердо убежден, что дело тут не в сухом расчете, а в мировом законе, как говорил поэт. Сейчас надо не только в учебники экономики заглядывать, но и в Книгу Судеб. Что в ней написано? Прошла уже Россия нижнюю точку и усилия Ельцина и его сторонников совпадут с приливом исторической энергии? Или процесс падения страны будет продолжаться и реформаторы, сколько бы ни старались, будут все время попадать своей ниткой мимо ушка иголки?

Конечно, это взгляд немного мистический — разве не сами люди делают историю? Люди — да, несомненно, но именно весь народ, а не малая группа политиков. И задача Ельцина — включить какую-то пока никому не доступную энергию российского народа, вывести ее на поверхность. Где-то на пересечении прагматических интересов, надежды, национализма, страха перед общим крахом должна же быть эта твердая точка опоры, на которую только и может опереться реформатор.

До сих пор Ельцин был человеком, талантливо использующим уже существовавшую идеологию. Теперь ему поневоле предстоит стать идеологом — создать и утвердить совершенно новую идеологию российского возрождения. Речь, конечно, не о том, что он ее сам «придумает», а о том, что он ее извлечет из воздуха, в котором носятся поднятые вверх тучи песка и пыли. Без решения этой задачи не изменишь направления едущего под откос поезда. Поезда 19-91, на открытой головной площадке которого стоит неподвижный седой гигант.

СЛОВАРЬ И ОБЪЯСНЕНИЯ К ТЕКСТУ

мерно и неотвратимо: *здесь:* четко и точно

в 1989 году подобное и в страшном сне бы не привиделось: в 1989 году такое развитие событий показалось бы невероятным, абсурдным

вывернуть наизнанку любую из его побед: объявить любую его победу поражением

каркнуть о скором крахе: предсказать, что скоро наступит крах

кивать не на кого: нет человека, на которого можно переложить свои ошибки

пирровы победы: выражение происходит от имени царя Эпира — Пирр (319–273 до Р. Х.), одержавшего победы слишком дорогой ценой

перепиливал сук, на котором сидел: разрушал то, что его поддерживало

заклятого друга (иронич.): «заклятый» говорят обычно о враге

сжимал в руке шагреневую кожу: приближал свой конец

«в случае чего»: в случае неудачи

освобождаясь от пут: освобождаясь от всего, что мешало развиваться свободно

Е. Гайдар: руководил разработкой экономических реформ Б. Ельцина

попадать ниткой мимо ушка иголки: не достигать цели

извлечёт из воздуха: выберет из появившихся концепций

РАБОТА НАД ТЕКСТОМ

До чтения

1. Посмотрите на заголовок статьи. Подумайте, о чём может рассказываться в статье под таким названием.

2. Как вам кажется, кто может быть таким человеком?

3. Как вы объясняете непривычное написание года «19—91»? На что это похоже? Где можно увидеть такие номера?

4. Какие ассоциации вызывает у вас заголовок статьи? В каком американском журнале можно найти похожие публикации? Какую информацию можно найти в таких статьях?

Во время чтения

1. Прочитайте первый абзац статьи и найдите имя человека, о котором идёт речь. Кто он — «человек года»?

2. Теперь вы знаете, почему в заголовке написано «19-91». С чем часто сравнивают этот год?

3. Просмотрите второй абзац статьи и найдите в нём название газеты. Скажите:
   — в какой стране выходит эта газета?
   — сколько раз она упоминается в статье?

4. Можно сказать, что по сравнению с первой публикацией в этой газете в последней Ельцин характеризуется:
   — более серьёзно
   — намного негативнее
   — менее доброжелательно
   — более фривольно.

5. В первой публикации в итальянской газете речь шла о его:
   — отношениях с Горбачёвым
   — политических взглядах
   — методах руководства
   — поведении.

6. Прочитайте первое предложение третьего абзаца. Попытайтесь догадаться, о чём идёт речь. Как вы думаете, какую информацию можно найти в этом абзаце? Просмотрите абзац и проверьте, правильно ли вы догадались.

7. Прочитайте первое предложение следующего, четвёртого, абзаца и подумайте, что значат слова о Горбачёве, судьба

которого — грозное предостережение Ельцину. Как вы можете это объяснить? Просмотрите абзац и проверьте, правильно ли вы догадались.

8. Прочитайте первое и последнее предложение пятого абзаца. Вы поняли, о чём здесь идёт речь? Тогда прочитайте первое предложение шестого абзаца. А теперь просмотрите седьмой абзац и найдите предложение, в котором содержится главная идея.

9. Теперь вы знаете не только, о чём и о ком рассказывается в этой статье, но и позицию автора по отношению к её герою, Ельцину, которую можно назвать:
— положительной
— объективной
— отрицательной
— индифферентной
— пессимистической
— критической
— оптимистической
— наивной
— циничной.

10. Прочитайте внимательно последний абзац статьи и проверьте, правильно ли вы догадались? С кем сравнивает автор Б. Н. Ельцина? Как это сравнение поддерживает вашу догадку?

11. Прочитайте внимательно статью от начала до конца и определите, правильны или нет следующие утверждения. По мнению автора:
— ультиматум Ельцина Горбачёву вызывает уважение
— создание поста Президента было ошибкой Горбачёва
— нужны смелые экономические прогнозы
— историю делает весь народ
— главная задача Ельцина — создать новую идеологию.

После чтения

1. Как вы поняли, эта статья была написана, потому что в результате опроса общественного мнения Ельцин был назван «человеком года». Вы помните, кого назвали «человеком года» в 1991 г.?

2. Как эти два человека и их выбор отражают культуру, мировоззрение, жизнь в этих двух странах?

3. Если бы вы были редактором журнала «Огонёк», кого бы вы хотели видеть на вашей обложке? Почему?

ОСТАВАЯСЬ САМИМ СОБОЙ

Репродукция новой картины Ильи Глазунова «Великий эксперимент», которую печатает «Огонек», не раскроет вам, дорогой читатель, всего, что хотел сказать о нашем суровом времени этот всемирно известный художник. И дело не только в том, что большое полотно (как и «Мистерия XX века», и «Вечная Россия» — 6х3) очень многое теряет в таком уменьшенном виде, но и в том, что произведения изобразительного искусства невозможно объяснять словами. Надо все увидеть воочию, вникнуть, постоять около картины, ибо кисть художника — это та единственная дорожка, по которой мы спускаемся в его душу, в тот мир, где рождаются его образы и обитает его фантазия. Я абсолютно уверен, что и эта работа мастера вызовет споры, разноречивые оценки. Вот уже более тридцати лет вокруг его творчества бушуют страсти. Это началось с первой же выставки в ЦДРИ, где Илья Глазунов высказал личное суждение о жизни, признался в своей любви к России, сделав своим кредо суровую правду. Вопросы, которые он задает нашему времени, настолько порой больно отдаются в нас, что многие уже не ждут ответа на них, а испытывают ощущение собственной беспомощности что-то изменить в окружающем мире.

Можно принимать или не принимать того, что создал Илья Глазунов. Но бесспорно одно — в течение многих лет интерес к нему возрастает, общество бурно реагирует на его смелость оставаться самим собой в любых условиях и при разных политических конъюнктурах. Его выставки, начинаясь в Москве и продолжаясь в разных городах страны и мира, всегда становятся событием. Если бы записать на плёнку всё — от восторгов до призывов к погрому, которые одолевают людей, стоящих возле его картин, то мы бы услышали великую симфонию любви и гнева.

Читая некоторые из отрицательных записей, я думал о нашем плюрализме хамства, которое в период гласности получает всё бо́льшие права, когда возможно оскорблять чужой труд только потому, что лично тебе не нравится манера письма или манера поведения. Но, перефразируя Маяковского, о Глазунове можно было бы сказать: он художник и этим интересен. Картину, репродукция которой перед вами, можно будет увидеть на выставке в Манеже в связи с юбилеем И. С. Глазунова. На полотне много знакомых исторических лиц. Художник очень удачно воспроизводит в картине известные и малоизвестные плакаты разных стран, чтобы через них передать историю политической борьбы, причастность людей к тем или иным событиям. Может быть, потому он так конкретен, что от бесконечных разговоров, заполнивших нашу страну, хочет вернуть нас к действию, к поступкам...

Об Илье Глазунове можно говорить ещё и ещё. Он предоставил для того неограниченные возможности своим творчеством, трагическим сочетанием всенародной славы, искренней благодарности и пренебрежения. Может, этим объясняется щемящее одиночество, которое я чувствую во многих его полотнах. Не удостоенный никаких премий на Родине, отдающий ей свой дар, пестующий в созданной им Академии юные таланты, жертвующий на восстановление былой красоты родного Отечества и на широкую благотворительность немало средств, поступающих от его выставок, народный художник СССР Илья Глазунов стремится говорить и нести людям добро...

СЛОВАРЬ И ОБЪЯСНЕНИЯ К ТЕКСТУ

увидеть воочию: увидеть самому, своими глазами
ибо: потому что
обитает: живёт, находится
ЦДРИ: Центральный Дом Работников искусств
высказал личное суждение: высказал личное мнение

сделав своим кредо: сделав своим главным принципом
больно отдаются: вызывают у нас чувство боли
Пестующий юные таланты: воспитывающий новые таланты

РАБОТА НАД ТЕКСТОМ

До чтения

1. В этой статье рассказывается об известном современном русском художнике. Что вы знаете о живописи советского периода? Какие имена вам знакомы?

2. Какое произведение живописи вы считаете талантливым, интересным, какое бездарным? Чего вы ждёте от картины? Какие качества кажутся вам наиболее важными?

3. Прочитайте первый абзац. Скажите, о каком художнике и какой картине идёт речь?

4. Какие ещё работы этого художника называет автор? Сколько лет работает этот художник?

5. Как принимает его публика?

6. Как вы думаете, что ещё можно узнать из этой публикации? На какие вопросы найти ответы? Напишите их.

Во время чтения

Первый этап

1. Прочитайте статью до конца. Подтвердились ваши догадки?

2. Можно утверждать, что Глазунов сейчас популярнее, чем раньше? Подтвердите ваш ответ фактами из текста.

3. Что, на ваш взгляд, привлекает к художнику, является главным в его работе:
   — необычный стиль
   — яркие краски
   — политическая направленность
   — реализм.

Или есть другие причины его популярности?

Второй этап

1. Найдите в тексте слова и выражения, которые передают отношение публики к художнику. Выпишите их.

После чтения

1. Автор жалеет о том, что Глазунов никогда не получал премий в России, но замечает, что он Народный художник СССР. Вам не кажется, что здесь есть противоречие?

2. Статья заканчивается словами автора, что Илья Глазунов «стремится говорить и нести людям добро...» Как вам кажется, эта миссия должна входить в задачи художника? Насколько типично для живописи такое отношение? Насколько типично оно для современных американских художников?

3. О каких произведениях искусства спорят в США? Вам известны примеры таких споров? Напишите об этом небольшое письмо в редакцию «Огонька». Какого художника лучше выбрать для этой цели?

НИКОГДА НЕ ПОЗДНО

Договоримся сразу — о политике ни слова. Этого мне в эфире хватает!

— Ладно. Сколько вам лет?

— Пожалуй, давайте о работе...

— Когда вы впервые вышли в прямой эфир?

— Да уж почти два года назад.

— А до этого?

— Много лет работала «за кадром» в редакции научно-популярных программ. Кругом одна политика, все говорили о «свершениях», а мы занимались искусством — как на другой планете. Сегодня вспоминаем то время как золотое.

— Когда это было?

— Конец шестидесятых — начало семидесятых, примерно так.

— Так вы из «шестидесятников»... Сколько же, выходит, вам лет?

— Все равно не скажу.

— Кем вы были до эфира в «ДВМ»?

— Сначала специальным корреспондентом. Потом возглавляла выпуск, то есть готовила эту программу от начала до конца.

— И вдруг перешли из-за стеклянной перегородки к цветам и микрофонам? Легко и светски, как держитесь там теперь?

— Как же... Встала, надела шпильки и — вперед... Да я бы никогда сама на это не решилась! В меня всегда больше верили другие люди. Их было мало, но они-то и заставили меня

попробовать. Так случилось, что наша эфирная команда потеряла ведущего. Его сняли с эфира за сравнение речи Лигачева с высказываниями Нины Андреевой. Тогда это было немыслимо! Мы оказались в сложном положении, и вот тогда-то, чтобы не терять команды, я и шагнула на экран — как на амбразуру.

— Страшно было?

— Хуже, чем страшно. Казалось, что давно поздно. Все-таки возраст.

— Какой?

— Не старайтесь. Короче говоря, жутко сопротивлялась — коллеги не дадут соврать. Полное неверие в себя. Душу-то повышибли из нас — за столько-то лет...

— Вы моделируете свой экранный образ?

— Нет. Ломать себя в эфире нельзя.

— На экране у вас царственная повадка. Вы деспотичны?

— Скорее вспыльчива. Даже скандальна. Могу наорать, но этого хватает на две-три минуты.

— Вы телезвезда. Как изменилась ваша жизнь?

— Стало тяжелее.

— Кокетничаете?

— Самую малость. Эфир обязывает всегда быть в форме и в курсе. Всегда быть готовым к чему угодно. Не расслабишься. А потом, знаете, когда на улице показывают пальцем, — противно и стыдно. Глядя в упор — в метро или троллейбусе, — начинают между собой громко обсуждать, какая я «живьем»: а Анэля-то, гляди-ка...

— В метро? Разве у вас нет машины?

— Машина есть, но я не вожу. У меня и прав-то нет. Ездит сын, он много работает, учится — ему нужнее. Но думаю, что все равно придется садиться за руль — времени совсем нет.

— Наверное, у вас много поклонников?

— Э, нет. Жизнь телезвезды, раз уж вы употребляете это слово, от жизни кинозвезды весьма отличается. Это же служба — ежедневная, тяжелая, регулярная. Никакой личной жизни! Не знаю, может, мужчины думают: ну, «она была в Париже», куда уж мне! И ошибаются. И получается — никого.

— Вы не замужем?

— Не-а.

— А были?

— Дважды.

— Кто сегодня составляет вашу семью?

— Я. Сын. Он недавно женился и живет пока у тещи. Наверное, так: моя семья состоит из меня, моего сына, моей невестки и кота Пети.

— Что значат мужчины в вашей жизни?

— А я вообще считаю, что в судьбе женщины мужчина играет основную роль. Всегда. Кто бы что ни говорил. И в моей жизни тоже. Двое мужчин (кстати, тезки) — один дал мне сына, другой помог обрести себя творчески.

— Вы бы вышли замуж еще раз?

— Хотелось бы, но десять раз подумаю.

— В каком возрасте еще не все потеряно?

— Опять вы за свое. В любом. По одной простой причине — человек не создан для одиночества. У нас парная природа. Если ты не в паре — такое чувство, будто тебя обокрали. И если женщина говорит: «Да ну, не хочу я замуж, мне и так хорошо», — не верьте. Это защитная реакция.

— Как же вы проводите свободное время?

— Понедельник, вторник, среда — его нет, только работа и подготовка к эфиру. В четверг я возвращаюсь очень поздно — или рано? — часа в два ночи. Вообще-то особого распорядка нет. Сплю мало. Читаю много. В магазины хожу очень редко.

— Вы стали богаче?

— Полтора года назад нам стали наконец-то прилично платить. За всю мою долгую жизнь на телевидении это впервые. Не знаю, как платят в других странах, говорят, наши деньги по сравнению с их гонорарами просто копейки, но даже то, что мы получаем сейчас, кажется мне огромной суммой. Не верится, что я смогла купить машину, — брала в долг, но ведь выплатила же...

— А что еще вы можете себе позволить?

— Да не так уж и много, наверное. Вот только сейчас купила мебель, шубу, кольцо.

— Какое?

— На бриллианты у меня не хватило бы. Просто колечко.

— А где же вы мебель-то достали?

— По блату.

— А откуда лампа из нефрита?

— Подарок.

— Чей?

— Одного человека.

— Может быть, взятка? Вообще взятки предлагают?

— По-моему, никому даже в голову не приходит. Я бы, конечно, и не взяла, но, сказать по правде, не помню, чтобы предлагали.

— У вас сложный характер?

— Да, мне есть за что себя укорить. За нетерпимость, за то, что не умею прощать, и опять-таки за гордыню. А самолюбива! Нет бы перетерпеть да понять, но куда там! Закусишь удила... Страшно бывало, горько, но тут уж лопни, а держи фасон. Думаете, от этого легче? Нет, только страдала потом. Но виду не показывала. Наоборот, приведу себя в порядок, что-нибудь новенькое надену. Разве можно дать почувствовать, что тяжело или больно? Ни за что! Ну, и проигрывала... Иногда спохватывалась, да поезд уже уходил.

— А кстати, сколько вам лет? Я хочу сказать, у вас великолепная фигура! Сидите на диете?

— Если хотите знать, больше всего люблю холодную картошку и могу на ней пережить продовольственный кризис.

— Тогда, наверное, делаете зарядку?

— Стараюсь. То, что называют аэробикой, плюс гантели. Но это не для красоты, а для здоровья. Просто разваливалась одно время: перенесла тяжелую операцию и вынуждена была приводить себя в порядок.

— У вас, наверное, свои косметолог, парикмахер, массажист?

— Вы шутите?

— А каким кремом пользуетесь?

— Какой попадётся. Где его взять? У меня запасы в холодильнике. Вот из холодильника, как «из тумбочки», и беру.

— Вы коренная москвичка?

— Да, и даже хорошего происхождения. Но говорить об этом не буду.

— Почему?

— Не хочу ранить маму. Представьте — получить прекрасное образование, музицировать и прочее и потом враз остричь волосы, надеть красную косынку... Кажется, какой-то рабфак... Это было вынужденное насилие над собой. Мама только после войны отучилась грассировать. Она до сих пор боится говорить об этом.

— Вы любите москвичей, к которым обращаетесь с экрана?

— Ну как можно любить 9 миллионов! Нет, не хочу и не буду заигрывать с московской аудиторией. Да и где они, москвичи? Москва — трагичный мегаполис. Здесь осталось всего-то двадцать процентов так называемых коренных жителей. Дух Москвы искоренён. А те, кто приехал сюда — не важно, как и зачем, — как-то не смогли, не успели полюбить Москву. Вот и получилось — и не столица, и не деревня... Духа живого нет, традиции нет. Мне могут сказать: о каких это традициях вы рассуждаете, когда, извините, жрать нечего? Так вот поэтому и нечего. Культура — как хотите — первична.

— Если вам завтра предложат оставить экран?

— Я уже думала об этом, и много. За последний год столько изменилось во мне... Не умру, конечно. Постараюсь пережить это не как трагедию. Надеюсь, будут внуки. Знаете, надо ко всему готовиться. Радоваться, если пришёл твой «звёздный» час, но не думать, что он продлится вечность.

— Вы уверены, что вовремя почувствуете, когда пора уходить?

— Надеюсь, да. Я не рассчитываю на многое. Я поздно вышла в эфир. И знаю, что, работая в эфире, шкурой чувствуешь любые оттенки — как ты говоришь, что делаешь, нужна ли ты... Догадываться об этом необходимо, потому что прямо никто не скажет — это убийство. Вообще лучше самому предупреждать любую «отставку» — на всех фронтах.

— Какой мужчина идеальный?

— Их нет. Впрочем, как и женщин. Другое дело — какого мы выбираем. Ну, это судьба. Моя подруга стояла у магазина на Арбате. Кто-то её толкнул. Она повернулась и, как потом рассказывала мне, увидела родные глаза.

— И что?

— Ничего. Поженились.

— А вы влюблялись с первого взгляда?

— В отца своего сына.

— Что бы вы посоветовали женщинам в любви?

— Терпения и умения прощать.

— То есть чего вы напрочь не умеете?

— Потому и советую.

— Хотели бы знать, что будет завтра?

— Нет, но всё равно знаю. Изменится ситуация — люди останутся те же. И мы продолжим разговор, который будет прерван. Я потерплю.

— А возраст?

— Никогда не поздно.

СЛОВАРЬ И ОБЪЯСНЕНИЯ К ТЕКСТУ

все говорили о «свершениях»: все говорили об успехах (в политике и экономике)

Так вы из «шестидесятников»: «шестидесятники» — творческая интеллигенция, активно поддержавшая преобразования после разоблачения культа личности Сталина

«ДВМ»: «Добрый вечер, Москва» — название телевизионной передачи, в которой А. Меркулова одна из ведущих

надела шпильки: надела туфли на высоком тонком каблуке

Е. Лигачёв: в то время секретарь ЦК КПСС, руководивший идеологией

Н. Андреева: автор крайне прокоммунистической статьи с апологетикой Сталина, вызвавшей много протестов

душу повышибли: убили душу

ломать себя нельзя: надо быть самой собой

самую малость: немного, чуть-чуть
весьма: сильно, очень
«она была в Париже»: строчка из песни В. Высоцкого
куда уж мне: у меня ничего не получится
опять вы за своё: опять вы возвращаетесь к той же теме
по блату: с помощью знакомых, по знакомству
нет бы перетерпеть да понять: лучше было бы перетерпеть и понять
куда там: не удаётся
закусишь удила: не контролируешь себя, не можешь остановиться
лопни, а держи фасон: изо всех сил надо делать вид, что всё в порядке
спохватывалась: хотела изменить
поезд уже уходил: было слишком поздно
рабфак: рабочий факультет — был создан после революции для подготовки рабочей молодёжи к поступлению в вуз
грассировать: произносить звук «р» так, как он произносится во французском
искоренён: полностью уничтожен
шкурой чувствуешь: интуитивно понимаешь, догадываешься
напрочь (негат.): совершенно, абсолютно

РАБОТА НАД ТЕКСТОМ

До чтения

«Анэля Меркулова — ведущая телеканала «Добрый вечер, Москва!», едва ли не последнего «живого эфира» на всём государственном телевидении. Её день — среда. В этот день её смотрят 30 миллионов москвичей и жителей Подмосковья. Её передачи обращены к проблемам духовности, поиску себя в этом мире. По рейтингу ТВ-ведущих она входит в десятку лучших.»

1. Прочитайте вступление к интервью с Анэлей Меркуловой. Вы поняли, что значит ведущая телеканала «Добрый вечер, Москва!»?

2. А что значит «живой эфир»?

3. Как можно определить жанр её передачи?

4. Она популярна?

Во время чтения

Первый этап

1. Как вы думаете, какие вопросы задала журналистка «Огонька» Анэле Меркуловой?

2. Просмотрите интервью. Найдите информацию, которая касается личной жизни Меркуловой. Ответьте на следующие вопросы:
   — Сколько лет Меркуловой?
   — Какая у неё семья? Кто входит в эту семью?
   — Что вы узнали о её родителях?
   — Что ещё вы узнали о Меркуловой?
   — Что она говорит о:
      — своём характере
      — личной жизни
      — зарплате
      — занятиях спортом.

   Если вы не помните ответы на все эти вопросы, просмотрите интервью ещё раз и найдите нужную информацию.

3. Найдите место в тексте, где Меркулова говорит о своих взглядах на брак, на роль мужчины в жизни женщины. Что вы думаете о такой позиции?

4. Найдите место, где Меркулова говорит о жизни «звезды». Какие плюсы и минусы видит она в такой жизни?

Второй этап

Найдите эти выражения и словосочетания в тексте. Переведите их на свой родной язык. Дайте свои примеры.
   — быть в форме
   — быть в курсе
   — ТВ-ведущая
   — расслабиться
   — поклонники
   — защитная реакция
   — позволить себе
   — по блату
   — прийти в голову
   — держать фасон
   — закусить удила
   — привести себя в порядок
   — хорошего происхождения
   — заигрывать
   — чувствовать шкурой
   — полюбить с первого взгляда.

После чтения

1. Вам показались противоречивыми характер Анэли Меркуловой и её взгляды? Как можно просто и коротко определить это противоречие? С одной стороны, её карьера, с другой — её взгляды на жизнь, на мужчин, на семью. Что вы думаете об этом противоречии? Это специфика русской жизни или это типично также для вашей страны?

2. Напомнила вам Меркулова кого-нибудь из звёзд вашей страны? Кого? Расскажите биографию или какой-нибудь случай из жизни женщины, похожей на эту телеведущую. Может быть, вы сможете записать «интервью» с кино- или телезвездой? Какие вопросы вы бы ей задали? Какие ответы можно было бы ожидать?

ЛЮДМИЛА ЦЕЛИКОВСКАЯ: «МЫ ЛЮБИМ ДРУГ ДРУГА»

Первая большая роль Людмилы Целиковской в фильме «Антон Иванович сердится» принесла ей огромную популярность. И было это ни много ни мало, а пятьдесят лет назад. А один из последних фильмов с ее участием вышел в 1988 году. Сама же Целиковская считает, что счастье улыбнулось не только в кино...

Все чаще вспоминаю сейчас свою маму. У нее был чудный голос, но обстоятельства сложились так, что консерваторию ей пришлось оставить, и она стала домашней хозяйкой. При мне.

У мамы была своя теория воспитания. Очень простая. Она считала, что детей надо ласкать и баловать.

Когда у меня родился сын, я перечитала все известные в то время труды по педагогике. Потом как-то сразу забыла их и поступала только так, как подсказывало сердце: любила и баловала.

Года три ему было, когда сын заболел полиомиелитом. Я тогда мало что знала об этой болезни, а если бы знала все, то, наверное, бросилась бы с балкона. Но, слава Богу, у него оказалась редко встречающаяся обратимая форма заболева-

ния. Сына надо было выхаживать, поднимать на ноги. Тогда я бросила все. Не снималась в кино, не играла в театре. Год не отходила от него. Заново учила ходить, до пятнадцати раз в день делала ему массаж. И все время я внушала ему: «Саша, ты должен выздороветь, ты должен стать сильным, смелым...» И порой я думаю, что не лекарства поставили его на ноги, а сила моего внушения.

Я его баловала, потому что хотела, чтобы его воспоминания о детстве были счастливыми. Но это не значит, что не спрашивала. Спрашивала, и довольно строго. Сейчас я смотрю, как он воспитывает своего сына — достаточно строго и всетаки ласково, — и думаю, что это все у него от моей мамы и, наверное, от меня...

Сейчас много говорят о политике, экономике и меньше — о духовном воспитании, о совести, порядочности. Но без этого человеком стать невозможно. И все начинается с детства, с маминой любви.

СЛОВАРЬ И ОБЪЯСНЕНИЯ К ТЕКСТУ

баловать: исполнять любое желание
обратимая форма заболевания: излечимая форма болезни

сына надо выхаживать: своими заботами, уходом помогать ему поправиться
порой: иногда
спрашивала: *здесь:* была требовательной

РАБОТА НАД ТЕКСТОМ

До чтения

1. Просмотрите вступление к заметке и найдите имя женщины, о которой идет речь, и сведения, указывающие на её профессию. Как вы думаете, сколько ей приблизительно лет?

2. Просмотрите заметку до конца и пронумеруйте каждый абзац. Сколько у вас получилось? Если шесть, то правильно, и вы можете переходить к следующему заданию.

Во время чтения

Первый этап

1. Прочитайте первое предложение каждого абзаца и дайте ему заголовок или определите его тему.

2. Посмотрите, что у вас получилось. Сравните с тем, что получилось у других. Обсудите с вашими однокурсниками, почему вы выбрали именно эти темы или заголовки.

Второй этап

1. Теперь вы можете составить краткий план всей заметки. Как вы думаете, о чём ещё говорит Людмила Целиковская? Что самое главное в жизни, по мнению этой актрисы? Прочитайте последний абзац и сравните с вашей гипотезой. Вы правильно догадались или нет? Почему?

2. Прочитайте внимательно четвёртый абзац и расскажите историю болезни её сына. Расскажите обо всём, что делала и чего не делала во время болезни сына эта женщина. Как она объясняет его выздоровление?

3. Прочитайте внимательно пятый абзац и скажите, что вы узнали из него о принципах воспитания, которых придерживается эта женщина.

После чтения

1. Что вы думаете о взглядах Целиковской на воспитание детей? Это похоже на то, как воспитывали вас дома?

2. Какие качества выделяет она в человеке? Если вы не помните, просмотрите ещё раз последний абзац и найдите соответствующее место.

3. Какие качества кажутся вам самыми главными? С ними рождаются или их воспитывают? Кто? Общество, семья, школа?

4. Пожертвовала ли Людмила Целиковская, хотя бы на время, карьерой ради семьи? Она поступила, как её мама? Что для вас важнее: семья или карьера? Или вы считаете, что их надо совмещать?

ЭДУАРД УСПЕНСКИЙ: «ПРОИГРАЕТ ТОТ, КТО ВООБЩЕ НИЧЕГО НЕ ДЕЛАЕТ»

Эдуард Успенский решил стать предпринимателем, организовал свое собственное издательство «Самовар». Беспокойный человек этот Успенский, и идей у него навалом.

Когда я только задумывал открыть свое издательство, меня спрашивали: не боюсь ли прогореть? Отвечал, что не боюсь. Это на Западе бизнесмен рискует своим состоянием, а у нас пока все по-другому. Да и время сейчас такое, что проиграть может только тот, кто вообще ничего не делает.

Организовать собственное дело нетрудно. Для начала я собрал талантливых, энергичных людей, которые соласились мне помогать. Но денег, разумеется, у нас не было. Где взять? Да в любой богатой организации, которая понимает, что держать деньги на своем счету без движения просто невыгодно, они же девальвируются!

Итак, деньги мы нашли, договорились с типографией, запустили в производство книгу. Продадим ее и вернем долг. Даже если мы не получим прибыли, то все равно ничего не потеряем. Рискует наш спонсор, который вложил в дело деньги, а

мы нет, не рискуем. Так что я всем советую издавать книги.

У нас ведь страна богатейших возможностей, мы сами никак не можем этого понять. Если людям в ближайшее время дадут по-настоящему работать, то мы через год завалим прилавки продуктами, как сейчас — книгами. То же самое будет и с одеждой, и с мебелью. Мы настолько богаты и... руковиты, что все проблемы можем решить самостоятельно, без чьей-либо помощи. Но для этого людей надо сделать свободными.

Один голландский миллионер говорил мне: «Вы счастливые люди, у вас никогда не будет безработицы, потому что вам сейчас все надо ремонтировать, ну абсолютно все!»

Мы не боимся прогореть еще и потому, что уверены: какие бы ни были тяжелые времена, родители всегда будут думать о будущем своих детей, и если они увидят на прилавках не скучные, а веселые, талантливо написанные учебники по математике и радиотехнике, географии и литературе, они их купят.

Мы уверены, что такие учебники сейчас нужны, надеемся завоевать таким образом у читателей авторитет, а когда они поймут, что издательство «Самовар» — это здорово, когда они поверят нам, то мы сможем свою деятельность расширить. Начнем издавать и детские книги, и игры, и комиксы. Даже свои мультфильмы собираемся снимать. А почему бы нет?

СЛОВАРЬ И ОБЪЯСНЕНИЯ К ТЕКСТУ

навалом *(простор.)*: очень много
задумывал: планировал
прогореть: обанкротиться
запустили в производство книгу: начали издавать
дадут работать: дадут возможность работать
завалим прилавки продуктами: наполним магазины большим количеством продуктов
руковиты: *здесь:* умеем всё делать
увидят на прилавках: увидят в продаже
здорово: хорошо, замечательно

РАБОТА НАД ТЕКСТОМ

До чтения

1. Эдуард Успенский, популярный детский писатель, решил заняться новым делом. Просмотрите вступление к его заметке и скажите, что это за дело.

2. Просмотрите текст заметки до конца и пронумеруйте каждый абзац. Сколько у вас получилось? Если семь, то правильно и вы можете переходить к следующему заданию.

Во время чтения

Первый этап

1. Прочитайте первое предложение каждого абзаца и скажите, что вы узнали об Эдуарде Успенском и его новом предприятии? Какие книги планирует выпускать издательство Успенского?

2. Прочитайте последний абзац и скажите, какие планы у Успенского на будущее. От чего зависят эти планы?

Второй этап

1. Прочитайте текст ещё раз и скажите, кто финансирует издательство Успенского? Где он нашёл деньги? Что он думает о финансовом риске? Какую ещё информацию, связанную с финансовой стороной дела, вы нашли в этом тексте?

2. Перечислите те качества, которые, по мнению Успенского, гарантируют успех его предприятия?

После чтения

1. Что вы можете сказать о будущем этого издательства, прочитав выступление Успенского? Как вам кажется, что ждёт Успенского: успех или неудача?

2. Какими качествами должен обладать бизнесмен, чтобы добиться успеха? Или одних качеств мало и нужна удача? Как вы думаете?

ЧЕЛОВЕК И ОБЩЕСТВО

ПОРТРЕТ НА ПАМЯТЬ

Называлось это так: встреча в ЦК ВЛКСМ национально-патриотического фронта «Память» с активом, занимающимся увековечиванием памяти защитников Родины.

И он был веселым, этот день. Молочными струями вытянулись вверх березы, обдутые ветром до костной сухости, сверлили воздух птичьи голоса, и лобастые «Икарусы» везли косоглазое солнце на стеклах, как на подносах, и все пело и гудело...

И когда Дмитрий Дмитриевич Васильев завалился в комнату в ореоле черных мундиров, ремней через правое плечо, погон, значков, в сопровождении видеокамеры, в комнате потемнело, и все неловко повернули голову.

И когда потом, в середине встречи, захотелось вдруг встать, грохнуть стулом и уйти, спотыкаясь о соседние колени, чертыхаясь от ломоты в голове, возникшей от утверждения, что 8 Марта мы, оказывается, празднуем в честь подвига древней израильской патриотки, спровадившей в мир иной семьдесят тысяч персов, — тогда стало ясно, что уйти нельзя, надо выслушать до конца.

Время одинаковых кончилось, но прежде чем разбежаться, надо покончить с кукольным театром, в котором видны актеры, видны куклы и лишь одно сокрыто мраком: в какую куклу всунута чья рука. Надо встать, как на старинных фотографиях, всем миром: солидные — в центр, духовенство — сверху, мечтатели — на деревьях, душегубы — на земле, разносторонне левые и правые, чтобы понять: какие мы все.

Поэтому нам необходим портрет на память.

Послушаем Дмитрия Дмитриевича Васильева, что он поведал вежливо выслушавшим его комсомольцам.

Цель визита: «Хотелось бы сегодня найти те точки соприкосновения, которые нам необходимы, так как в стране усугубляется не только национальный, но и социально-политический конфликт».

Положение вещей: «Перестройка — это космополитизм... Народ ее не приемлет, он ее принял как политический лозунг».

«Марксизм по своей сути — это больше сионистическое учение... идущее из постулатов талмудических».

«Я не понимаю слова «интернационализм» потому, что «интернационализм» в переводе — это «между наций». Кто бегает между наций, я не знаю».

«Что же касается республик, то их насильно никто не завоевывал...»

Коротко о себе: «Сказать о том, что такое «Память», — это рассказывать надо очень долго. Без памяти не может жить ни один народ, без памяти не может жить ни один человек... И все, кто имеет память, являются потенциально нашими членами... Если говорить о нашем активе, то подразделения наши в сорока городах Советского Союза, включая союзные республики. Имея неосторожность и ведя честную игру, мы открыли один из наших филиалов в Ленинграде — он был мгновенно подвергнут чудовищной обструкции средствами массовой информации. Туда были брошены лучшие силы западной прессы, и больше половины из них — скрытые работники спецслужб... Мы совершенно ясно и определенно отдаем себе отчет, с какой силой вступили мы в борьбу, что это за сила. Более того, уже не только теоретически, но и практически мы на своих плечах вынесли очень многое. И посему когда произошел такой момент, когда мы были вынуждены раскрыть свой ленинградский филиал, то он был уничтожен практически, весь был растоптан. Поэтому нам пришлось вновь там организовать формирования, которые сегодня там работают полулегальным способом. Если это у вас вызовет возражение или раздражение — такое понятие, как полулегальность, то тем не менее, как видите, мы говорим вам об этом честно, не раскрывая все наши структуры».

О братьях по разуму: «Сычев вообще называет меня чужеродным элементом, потому что я кооператор. Сычев — это известный провокатор, и мы это все знаем. Он создает совершенно нездоровую, грязную рекламу «Памяти», потому что он отрабатывает свои деньги. Его такой бытовой антисемитизм, кухонный, а также совершенно рыночное восприятие исторического пути, оно, конечно, тень бросает на нас, потому что он именует себя «Памятью», хотя никогда, ни одного дня никакого отношения к «Памяти» он не имел. Он был сделан Московским городским комитетом партии».

Положение вещей: «Брошенное в массы неосторожно такое понятие, как «плюрализм», является не чем иным, как «плюй в реализм», потому что единства противоположностей быть не может...»

«Так что логика лести и лицемерия проста, называется она тайная политическая субстанция, которая делает все возможное для того, чтобы достичь определенных целей в нашем государстве по его развалу, по его уничтожению. И они, надо сказать, очень активно в этом направлении работают».

Коротко о себе: «Память» уделяет огромное значение теоретическому наследию марксизма-ленинизма. Мы изучаем очень серьезно этот вопрос, пытаясь найти схожесть в концептуальных оценках. Мы пришли к учителю Маркса Мозесу Гессу и его теоретическим разработкам, о которых почему-то марксизм-ленинизм предпочитает молчать, мы пришли к талмудическим понятиям через понятия марксизма».

Почему в государстве порядка нету: «Голландия в среднем производит картофеля от четырехсот до шестисот центнеров с гектара. В Подмосковье живет некто Ушаков, семьдесят четыре километра от Москвы. Мы у него неоднократно были, изучали его машины. Наши умельцы разрабатывают первые опытные образцы. Он предлагает тысячу сто центнеров с гектара! Я на своем приусадебном участке попробовал провести этот опыт вручную, и я достиг того, что говорит Ушаков. Вот это пример национального подхода. Нам говорят, ладно, ладно: давайте будем везти все с Запада...»

Коротко о себе: «Почему военизировались? Надоело смотреть, как мужчина превращается в женщину. Сегодня культивируется бисексуальность, и поэтому на улице не поймешь: кто ходит. Поэтому они должны быть похожи на мужиков».

«Черный цвет — скорбь по земле русской».

«У нас от 14-летних детей до 70-летних старцев... Основной контингент — это молодежь».

«Военных? Огромное количество... И высшего командного состава, и младшего офицерского состава, и курсантов... Для меня с детства офицер являлся идеалом».

Симпатии: «А что сегодня с армией делается — это просто уму непостижимо. Если сегодня делаются такие удары по армии, то это конец государственной системе. Накануне семнадцатого происходило все то же самое. Поэтому всегда можно нанести упреждающий удар. Армию развалить мы не должны. Мы не должны развалить КГБ. Политическую полицию уничтожать в государстве нельзя. Мы должны укреплять также и аппарат МВД. Отрывая исторические корни от своего народа, подменяя их политическими и догматическими лозунгами, мы приведем к краху нашу великую империю, нашу великую державу. Империя должна оставаться империей. Кстати говоря, в понятии империи ничего плохого нет. Сразу вам заявляю, что мы по убеждению монархисты».

Коротко о себе: «Мы ни в каких митингах участия не принимаем, по улицам не шляемся, демонстраций не проводим... Мы занимаемся конкретной работой, черной работой, каждый день, каждый час, и очень рады, что вы наконец соизволили принять нас для того, чтобы выслушать нас и понять о том, что ни вы без нас, ни мы без вас в этой стране ничего не сделаем».

«В выборах мы участия не принимали, потому что в этом канкане участвовать вообще не хотелось. Те депутаты, которых мы вели, — они все победили, несмотря на всю оппозицию. А вообще существует такая банальная политическая истина — власть берется не на выборах. Мы будем с народом сами работать, о методике я вам сказать не могу по одной простой причине — это является нашей тайной».

Почему в государстве порядку нету: «Я хотел обратить внимание на геральдику нашу. Вся беда в том, что мы живем под совершенно кабалистической чужеродной геральдикой, и когда стены Кремля запечатаны Антихристом, то никогда не будет порядка в нашем государстве. Почему? Потому что если вы возьмете все учебники по кабалистике, по астрологии, то с точки зрения астрономического знака пятиконечная звезда имела очень древнее значение. Затем она была украдена через Индию и стала чисто колдовским, астрологическим, кабалистическим знаком. Более того, пятиконечная звезда загорается в ложе масонской... когда там собирается весь синклит, то есть ось Хельсинки — Париж — Берлин — Мадрид — Рим — ложа Великого Востока. Значит, она никак не может быть нашим государственным знаком. Но если обернуться в историю, то мы помним, что эту же звезду, пятиконечную, нам принес Лейба Бронштейн-Троцкий. Она была на буденовках синяя, а потом стала красная.

И уж совсем странно, когда мы совершаем буквально кабалистические обряды — когда мы подходим к Вечному огню и возлагаем цветы. Какое пламя может идти из-под земли? Адово пламя! Божественный огонь находится над землей. А если внимательно проанализировать, то это адово пламя идет еще через печать Сатаны, печать Антихриста. И мы поклоняемся языческим, культовым, дьявольским обрядам, очень тихо, очень скромно введенным в нашу жизнь».

Коротко о себе: «Памяти сказать нигде ничего не дают, но тем не менее мы мужественно бьемся, работаем».

Итог поиска «точек соприкосновения» «Памяти» и ЦК ВЛКСМ: «Есть ли у «Памяти» конкретные предложения к неформальному объединению поисковых отрядов, занимающихся работой на местах боев, установлением имен павших?
— Нет».

ПОЯСНЕНИЯ К ВЫШЕИЗЛОЖЕННОМУ

Этот портрет не для мелкой радости доброго обывателя: ах,

как жалок в хвастовстве, как смешон в угрозах, как безудержен во лжи — не для этого.

Этот портрет не для эпистолярного зуда обывателя злобного: и как же это еще земля носит этих недоумков, стереть с лица земли, отправить к оленям, сгноить, так их и так — не для этого.

Это портрет на память.

«Память» нам очень нужна. «Память» — это уровень воды в нашем трюме, и не дай нам бог запереть трюм законом или заняться вычерпыванием воды — надо латать дыры. Наш стыд за «Память» — это наша боль о соотечественниках, погрязших в косности и невежестве, и мы должны сделать все, чтобы угроза диких времен могла проявить себя зримо, а не собиралась по подвалам и чердакам.

«Память» — это наша грязная шея. С грязью можно бороться двумя способами: отрубить шею или вымыть. И если мы культурные люди, придется мыть, придется трогать руками грязь и любить то чистое тело, которое погрязло в дремучести. Придется мыть, помня, что на дворе пригрело и льдина наша стала подтаивать по краям, что вот-вот могут хлынуть бурные ручьи, которые захотят жить поближе к родным могилам, а не на подтаявших окраинах: помня, что экономическая реформа болезненно объяснит массам, что пора твердых окладов за мягкий труд позади и людям, которые всю жизнь свою маршировали, будет очень трудно выучиться инивидуальным танцам, и поэтому общественная почва «Памяти» окажется хорошо удобренной, и сельхозкооператив монархиста Васильева Д. Д. может увеличить численность.

Придется мыть и неустанно оспаривать малограмотных пророков, поняв, что выбора нет: либо шовинисты — либо национальное возрождение. И первое проще: чем приложить к чему-нибудь руки, легче врезать другому по рукам, и жилищную проблему решить к 2000 году проще, ненавистью вышвырнув полстраны за границу.

И посему придется смотреть постоянно на этот портрет и доказывать без устали, что борьба с косностью для русского народа гораздо важнее борьбы с мировым сионизмом; что невыносимый стыд и позор, когда от имени русского народа орут фигуры, отбрасывающие черные тени, и придется расчищать дорогу новым, чистым голосам, которые запаздывают.

Мы ждем новых людей.

Каждый народ имеет свое время предчувствий, когда приходит к народу Иоанн Креститель и проповедует в пустыне и призывает: кайтесь. Иоанн Креститель нам намекает, честно намекает на то, что мы и сами потихоньку усекли, говорит он: я-то ладно, я — на переходный такой, перестроечный период, но вот тот, кто придет следом за мной, — вот за ним-то и сила, и Царство Божие. И вот мы начинаем крутить башкой, ожидая явления.

И сейчас полно желающих стать именно тем, кто явится нам. Эти желающие примеряют сандалии, длинные одеяния, учатся скромной походке и как рукой плавно повести: айда, братцы, побежим скорей в Царство Божие, я дорогу доподлинно выведал, срежем угол, а дальше огородами — зуб даю, наше это Царство будет!

И когда все эти товарищи начнут манить да сулить — трудно будет разобраться в гвалте. И может быть, побредем мы в разные стороны — только это не беда. Главное, чтобы ни души не увел за собой тот, кто скрываясь криком и ложной болью, потребует жертвы человеческой.

Товарищи, с жертвами мы уже попробовали!

Энергию ненависти мы уже испытали. Мы добились выдающихся успехов на этом направлении, мы выстроили огромную ракету в шестую часть земной тверди и долбанули ее первыми в космос, спалив исполинским пожаром все под собой и вокруг, продырявили насквозь синее-синее небо и вылезли в смертельную стужу бездушного космоса, вытащив за собой целое созвездие спутников, и который уже виток болтаемся в безвоздушном пространстве, где не продохнуть, напоминанием всему прочему миру о явных наших достижениях, наблюдая, как откалываются потихоньку и сгорают наши сателлиты-спутники и падают на прекрасную землю, а мы все торчим здесь, исчерпав энергию ненависти, в поиске энергии добра, на грани взрыва или возвращения на щедрую, бескрайнюю землю свободы...

Хотелось бы вернуться не последними. Но даже если и последними, то вернуться.

Поэтому портрет Д. Д. Васильева не снимайте — пускай висит.

СЛОВАРЬ И ОБЪЯСНЕНИЯ К ТЕКСТУ

ЦК ВЛКСМ: Центральный Комитет Всесоюзного Ленинского Коммунистического союза молодёжи
защитников Родины: *здесь:* погибших во 2-й мировой войне
Д. Д. Васильев: один из руководителей националистической организации «Память»
завалился: *здесь:* вошел с громким шумом
в ореоле чёрных мундиров: окружённый людьми в чёрных мундирах
грохнуть стулом: ударить стулом
чертыхаясь (от чёрт): ругаясь
от ломоты в голове: от сильной боли в голове
8 Марта: Международный женский день
спровадившей в мир иной: отправившей на смерть
прежде чем разбежаться: прежде чем пойти в разных направлениях
сокрыто мраком: не видно
всем миром: *здесь:* всем обществом
поведал (иронич.): *здесь:* сообщил
точки соприкосновения: общее в разных взглядах
усугубляется: осложняется
подвергнут обструкции: подвергнут резкой критике, обвинениям
отдаём себе отчёт: сознаём, понимаем
посему: поэтому
был растоптан: *здесь:* был полностью уничтожен
формирования: отряды, военные части
похожи на мужиков: *здесь:* похожи на настоящих мужчин
уму непостижимо: невероятно
развалить армию: дезорганизовать армию
КГБ: Комитет Государственной безопасности
МВД: Министерство внутренних дел
не шляемся — шляться (негат.): ходить без дела, без цели
соизволили принять (иронич.): приняли
кабалистика: магические знаки
весь синклит: все важные лица
будёновка: шапка-шлем, которую носили во время гражданской войны многие красноармейцы
бьёмся: стараемся, добиваемся
имён павших: имён погибших
не для эпистолярного зуда: не для того, чтобы появилось желание писать письма (имеются в виду письма читателей в редакцию журнала)
...этих недоумков* — недоумок *(простор.): крайне ограниченный человек
стереть с лица земли: уничтожить
отправить к оленям: сослать на север
сгноить: поместить в ужасные условия
латать дыры: чинить
зримо: заметно; так, чтобы было видно
в дремучести: в темноте, в невежестве
пора твёрдых окладов за мягкий труд: время, когда зарплата не зависела от труда
приложить к чему-нибудь руки: сделать что-то реальное
врезать по рукам: с силой ударить
вышвырнув: выбросив
без устали: не поддаваясь усталости, не думая об усталости
усекли (простор.): поняли
я-то ладно: я-то не самый важный
крутить башкой (простор.): поворачивать голову, смотреть по сторонам
ожидая явления: ожидая Христа, ожидая чуда
полно желающих: очень много желающих
примеряют сандалии, длинные одеяния: пробуют себя на роль Христа-спасителя
айда, братцы: вперёд, братцы
доподлинно выведал: точно узнал
зуб даю (иронич.): твёрдо обещаю
манить да сулить: звать и обещать
в гвалте: в общем шуме
Мы добились выдающихся успехов на этом направлении: имеется в виду общественный строй, который появился в результате революции 1917 года
ракету в шестую часть земной тверди: страна, занимающая шестую часть земного шара, сравнивается с ракетой
долбанули: с силой направили
исполинским пожаром: гигантским пожаром
в стужу: в ужасный холод
созвездие спутников: сателлиты СССР
болтаемся: висим, не двигаясь вперёд
не продыхнуть: невозможно дышать
всё торчим здесь (негат.): находимся здесь по-прежнему
на грани взрыва: на грани уничтожения

РАБОТА НАД ТЕКСТОМ

До чтения Прочитайте заголовок статьи и посмотрите на фотографию.

1. Вам знаком значок на рукаве и на воротнике шинели?

2. Это изображение святого Георгия, поражающего змея. Как называется этот святой на вашем родном языке? Что вы знаете о нём, о его подвигах?

3. Какие ассоциации вызывает у вас шинель, значки, нашивка на рукаве?

4. Какие ассоциации вызывает у вас слово «память»?

5. Вы знаете что-нибудь об организации с таким названием?

6. Как вы думаете, что держит в руке человек, изображённый на фотографии?

Во время чтения

Первый этап

1. Посмотрите на подзаголовки статьи. Некоторые из них повторяются. Какие?

2. На какой из разделов стоит обратить внимание, чтобы узнать, о чём рассказывается в статье?

3. Если вы назвали раздел «Коротко о себе», то вы догадались правильно. Просмотрите все отрывки под этим названием и скажите, о чём рассказывается в статье.

Второй этап

1. Просмотрите отрывки под названием «Положение вещей» и скажите, что они отражают:
   — взгляды организации «Память»
   — политическую ситуацию в СССР
   — положение организации «Память» в обществе
   — программу действий этой организации.

2. Просмотрите оставшийся текст и выпишите со знаком плюс имена людей и все идеи, которые поддерживает организация «Память». Выпишите со знаком минус имена людей, названия организаций и идеи, против которых выступа-

ет организация «Память». Сравните, что у вас получилось, с результатами других студентов в группе.

3. Что можно сказать об организации «Память» на основании этого списка?

4. Как вам кажется можно определить основную философию, направленность этой организации?

5. В статье используются сокращения названий следующих организаций:
   — Министерство внутренних дел
   — Всесоюзный Ленинский Коммунистический Союз молодёжи
   — Комитет государственной безопасности
   — Центральный комитет.

Найдите эти сокращения и ситуации, в которых они употребляются.

6. Одновременно с указанием на органы внешней и внутренней безопасности в статье приводится ещё одна организация. Какая? Найдите это место в тексте.

7. Какое отношение выражает представитель «Памяти» ко всем этим организациям?
   — положительное
   — отрицательное
   — нейтральное.

8. Что говорит это отношение о самой организации «Память»?

После чтения

1. Объясняя символику формы одежды членов «Памяти», Д. Д. Васильев называет чёрный цвет цветом скорби по русской земле. Чёрный цвет в России традиционно был и остаётся цветом траура, похорон, смерти. Чёрный цвет ассоциируется и с названием другой националистической русской организации, которая действовала в России до 1917 года.

2. Вы знаете, о какой организации идёт речь?

3. Как она называлась?

4. Чем занимались её члены?

5. Как вы думаете, какая связь существует между этой организацией и организацией «Память»?

ДЕТСКИЕ ИГРЫ

СПРАВКА: «Подростковая преступность в городе Набережные Челны в последние годы обозначилась особенно остро. Так, если в 70-е годы она возросла в 3 раза при увеличении числа несовершеннолетних в 12 раз, то за последние три года выросла более чем в два раза при увеличении несовершеннолетних лишь на 25 процентов. Ее питательной средой являются, как правило, группировки, формирующиеся по территориальному принципу. Этому во многом способствовал принцип ускоренной застройки города по микрорайонам, когда введенные комплексы жилых домов заселялись одним поколением жителей молодого возраста. По материалам социологических исследований до 25 процентов подростков в возрасте от 14 до 18 лет состоят в группировках. Никакие другие неформальные объединения молодежи (любительские, по интересам), кроме территориальных, в городе распространения не получили. Общим для таких группировок является культ силы и физического совершенства. Степень влияния на них официальных общественных структур (семья, школа, трудовой коллектив) крайне слаба».

Я разговариваю с ребятами в благоустроенном, хорошо оснащенном спортивном зале. Они приходят сюда почти каждый день и тренируются до пота. У парней табу на спиртное и курево, строгий контроль за тем, как становятся нечувствительными к боли кулаки, растут, каменеют мышцы. Так выковывается пацан, если выражаться языком «конторы». Все остальные, те, что играют на скрипочке, вышивают крестиком возле мамы, — это чушпаны, презираемый народ. С ними разговор короткий: откупайся, тогда никто не тронет. Тех, кто посильнее, кто спортом занимается, не зазорно привлекать к отдельным «мероприятиям». Самых несговорчивых можно «опустить»: избить как следует, а потом сверху на лежащего помочиться. Всем, включая девчонок.

Мои собеседники — пацаны из группировки «Ташкент», одной из старейших в городе. Когда мы въезжали на территорию «Ташкента», в машину откуда-то сверху полетело яйцо. Невидимый снайпер предупреждал, что мы пересекли границу чужого государства и находимся под постоянным наблюдением.

В «Ташкенте» во всем организованность и порядок. «Шелуха», «огурцы», то есть малолетки, подчиняются старшим. Рядовой пацан свято чтит «автора» (то есть авторитетного лидера группировки). Регулярные сборы в условленном месте — это обязательно. Не прийти — значит совершить серьезный проступок, за которым последует строгий «разбор». Также неукоснительно надо платить дань. От пяти до двадцати пяти рублей с каждого. Куда идут деньги? На «грев». Помогать своим ребятам в зоне: нанимать адвокатов, если потребуется; устраивать погибшим пацанам пышные похороны. Ну, а уж если в Москву пацан отправился на промысел, «автор» ему целый список в дорогу приготовит: сколько и какого барахла следует привезти и сдать «начальству». И не должен пацан проявлять нескромность, интересуясь, почему «авторы» нигде не работают и все дни напролет сидят в ресторане. Не его ума это дело. Бескорыстие и бесстрашие — вот кодекс чести настоящего пацана.

— Почему вы джинсы не носите?
— Не-е-е... Джинсы носить западло. Пусть волосатики носят.
— Не уважаете волосатиков?
— Ненавидим. Они на Запад смотрят.
— Вы, значит, патриоты.
— Мы — Татария!
— Почему? Я вижу среди вас и русских...
— Все равно вы — москвичи, а мы — Татария. Что — нельзя?

Старожилы вспоминают, что когда город только начинался, в разных его районах стихийно возникали «пятачки», где встречались татары, башкиры, украинцы, чуваши, чтобы вспомнить свои национальные песни, просто поговорить о том о сем с земляками. Но постепенно растворились «пятачки» в нарастающем безликом людском потоке, говорящем на полуграмотном русском языке.

Возникла еще одна непредвиденная неловкость. Куда деться в воскресенье, если в городе у тебя нет ни родителей, ни родственников, ни старых, добрых друзей? Когда пошли первые в городе смерти, то захоронения производились, как правило, не на местном кладбище, а на родине усопших.

Потребность Набережных Челнов в кинотеатре (о театрах речь и не идет), клубах, кафе, стадионах удовлетворена менее чем на треть. Какой вид досуга в этих условиях изберет молодежь? ...Невероятным образом подскочила рождаемость.

Тут же выяснилось, что яслей и детских садов на случай взрыва рождаемости проектировщики не предусмотрели. А ведь дело происходит в городе, где нет бабушек и дедушек. Детишек находят запертыми в квартире. Или оставленными у случайных лиц без определенных занятий...

Детсад — полбеды. Как быть с жильем? Его катастрофически не хватает. И тогда чей-то (знать бы чей!) руководящий гений находит ловкий выход из положения: заселять в типовые (то есть малогабаритные, с тесными прихожими и маленькими кухнями) квартиры не одну семью, а несколько — по количеству комнат. В пятнадцатиметровую комнату помещают семью с двумя детьми, в девятиметровую — с одним ребенком. В трехкомнатной квартире собирается одиннадцать-двенадцать человек...

— У вас бывают конфликты с милицией?
— Что вы! Мы же мирные... Разве не видно?..
— Слышали про рост молодежной преступности в вашем городе? Чего ребятам не хватает, как думаете?
— Видики надо в каждом комплексе поставить. И компьютеры игровые. Все бесплатно. Тут один чувак решил у нас видеосалон открыть. Мы к нему пришли, сели. Он говорит: гоните деньги за билеты. Мы популярно объяснили, что живем здесь и ходить будем бесплатно, когда захотим. Он не понял. Пришлось как следует объяснить... Закрыл свою лавочку и смотался.

Еще несколько лет назад в милицейских сводках преобладали факты массовых драк челнинских подростков. Комплексы вели войны за территорию. Теперь пацаны грабят своих сверстников, вымогают деньги у продавцов пива, приемщиков стеклотары, кооператоров и прочих, кто делает капитал в их владениях.

— Ребята, а вы работаете, учитесь?
— Кто в школу ходит, кто в ПТУ. На КамАЗе ишачим...
— Нравится на заводе?
— Ха! Нас туда из ПТУ как в исправительно-трудовую колонию. У главного конвейера поставят — чтоб не отойти. На заводе только дураки работают.

Или из-за квартиры... Надо хорошую работу искать. Официант, например...

— А в армию готовитесь?

— Не-е... В армию неохота...

— Почему? Вы так много спортом занимаетесь. Какой же мужчина без армии?

— Ой, только не надо...

Парням надоело впустую тратить время. Они потянулись к выходу.

— Все что ль? Нам пора... Вы б к нам без ментов пришли, мы бы больше рассказали. Слабо взять такси и без охраны приехать?

— Я подумаю. Можно последний вопрос? Вы верите в перестройку?

— Не-е...

— А что, по-вашему, будет?

— Что? Диктатура опять будет. Твердая рука, как при Сталине.

— И вы этого хотите?

— Хотим, не хотим... Будет, и все...

Выходим из спортивного зала. Давка в дверях вплотную прижала к ребятам, иные из которых выше нас на голову. Неожиданно сорвался шальной вопрос:

— По-честному: встретили бы нас, москвичей, на улице — избили бы?

— Хм... Тебе, тетя, сказали бы «Беги...» Фотографу твоему дали бы пару раз.

— Почему только пару?

— Жалко, старенький ведь.

Во двор мы вышли под громкий хохот пацанов. Непроизвольно посмотрели вверх, ожидая нового яйца, посланного неусыпным дозорным. А получили в спину злое шипенье: «Из огнемета бы вас всех...»

ВЫИГРАВШИЕ И ПРОИГРАВШИЕ

Недавно один народный депутат по телевидению заявил, что наша молодежь по бесправию и отстраненности от общественной жизни может соперничать разве что с инвалидами. Что позволено подрастающему поколению? Маршировать пионерским строем и сдавать макулатуру, убирать вокруг школы мусор и регулярно платить комсомольские взносы, активно участвовать в художественной самодеятельности и учиться без двоек. Перестройка, демократия — это пока слова для взрослых.

В далеком уже 1968 году мир был потрясен неожиданным студенческим бунтом. В молодежи разглядели реальную общественную и политическую силу. Во всех цивилизованных странах стали создаваться социальные службы для молодежи, молодежная политика. Мы тогда посчитали, что нас это не касается.

Сегодня очнуться всех нас заставляет нарастающая со стремительностью лавины детская и подростковая преступность. С чего это вдруг? Если приглядеться к нашей жизни повнимательнее, то нельзя не заметить: на фоне всеобщей раздражительности и озлобленности самая ярая критика, самое острое неприятие официальной идеологии идут от молодых людей. Многие из них предпочитают не иметь никакой политической позиции и готовы идти туда, где обещают быстрый и ощутимый успех. «Контора» выглядит одним из способов существования в нынешней ситуации. У взрослых туго идет воплощение в жизнь идеалов коллективизма и равенства? Пацаны создадут свое «правильное» государство, в котором есть система прав и обязанностей, аппарат власти и принуждения, стремление к расширению сфер влияния, но главное — есть пат-

---

МОСКВА. СЫЩИК, ИЩИ ВОРА

СПРАВКА: «В 1988 году во время проведения специальных мероприятий по предупреждению и раскрытию преступлений, совершаемых подростками и молодежью из регионов Поволжья, приезжающих в Москву, было задержано 469 человек в возрасте от 14 до 22 лет. По законченным уголовным делам к ответственности привлечено 48 человек за совершение разбоев, грабежей, изнасилований, краж, ношения холодного и огнестрельного оружия.

В 1989 году количество подростков и молодежи из этих регионов, приезжающих в Москву с целью совершения преступлений, увеличилось. Задержано 928 человек, окончены производством уголовные дела в отношении 169 человек.

Преступления, совершаемые несовершеннолетними из Татарии, Чувашии и Мордовии, отличаются особой дерзостью, носят групповой характер, практически каждая группа имеет холодное или огнестрельное оружие».

риотизм (ничего, что в масштабах городского квартала) и верность принципам братства и взаимовыручки. Не каждый и не сразу разберется, что «кодекс чести» «конторы» вынесен с лагерных нар.

Разумеется, молодежную проблему невозможно решить саму по себе, отдельно от общей ситуации в стране. Но крайне опасно обращаться с ней как со второстепенной, которую можно отложить на потом.

Для кого мы делаем перестройку? Не ровен час, все наши выстраданные демократические завоевания захотят забрать себе повзрослевшие, хорошо накачанные мальчики с самодельными бомбами и обрезами. Не страшно?

СЛОВАРЬ И ОБЪЯСНЕНИЯ К ТЕКСТУ

Её питательной средой являются... — питательная среда: условия, обстановка, которые вызывают... (*здесь*: подростковую преступность)

пацан *(простор.)*: мальчик, подросток; *здесь*: член неформальной подростковой организации

языком «конторы» — контора: *здесь*: *(жарг.)* неформальная организация подростков

чушпаны *(жарг.)*: презрительное название подростков, не входящих в неформальную группу

не зазорно: не стыдно

малолетки: младшие ребята

неукоснительно: строго обязательно

на промысел: на добычу

какого барахла: каких вещей

западло *(жарг.)*: неприлично

Тата́рия: ударение ненормативное; правильно: Тата́рия

старожилы: жители, которые живут в этом месте давно

пятачки: маленькие площадки

о том, о сём: о разных вещах, на разные темы

куда деться в воскресенье: куда пойти в воскресенье

на родине усопших: на родине умерших

подскочила рождаемость: резко поднялась рождаемость

полбеды: не самое плохое, не самое трудное

малогабаритные квартиры: небольшие квартиры для одной семьи

видики: видеомагнитофоны

чувак *(жарг.)*: парень, мужчина

гоните деньги *(простор.)*: платите

закрыл свою лавочку: закрыл своё дело

смотался *(простор.)*: уехал

приёмщики стеклотары — стеклотара: пустые бутылки, банки

КамАЗ: Камский автомобильный завод

ПТУ: профессионально-техническое училище

ишачим *(негат.)*: работаем

мент *(жарг.)*: милиционер

слабо: не хватит смелости

дали бы пару раз: ударили бы...

разве что: может быть только

нарастающая со стремительностью лавины: чрезвычайно быстро увеличивающаяся

С чего это: Почему? По каким причинам?

ярая критика: острая, бескомпромиссная критика

туго идёт: идёт с трудом, плохо

вынесен с лагерных нар: взят у уголовников

отложить на потом: заняться позднее

не ровен час: есть опасность, что...

накачанные: *здесь*: физически натренированные

РАБОТА НАД ТЕКСТОМ

До чтения

1. Проблема подростков занимает важное место в западной культуре и в западной прессе. Какие вопросы обычно поднимаются в этой связи? Назовите основные проблемы и приведите примеры их проявления.

2. Какую форму принимает недовольство, негативизм, протест подростков? Назовите известные вам примеры.

3. А вот что пишут о проблеме подростков в России. Прочитайте, пожалуйста, «справку» и скажите, о какой группе идёт в ней речь и в чём заключается проблема.

Во время чтения

Первый этап

1. Чтобы лучше понять проблемы подростков, их причины и возможные пути их решения, журналист Людмила Сальникова поехала в город Набережные Челны поговорить с молодежью.

2. Как её приняли?

3. О чём они говорили?

4. Что могло интересовать журналистку?

5. Как закончилась эта беседа?

6. Прочитайте первую половину статьи и найдите ответы на эти вопросы.

Второй этап

1. Вы заметили, что при разговоре о подростках слово «подросток» не употребляется, а употребляются его синонимы? Какие? Выпишите их.

2. Вы обратили внимание на то, чем занимаются подростки?
   — курят
   — пьют
   — занимаются спортом
   — проводят время в ресторанах
   — занимаются в институтах.

3. Найдите место в тексте, где описывается уголовное поведение подростков. Выпишите эти примеры. Найдите их эквиваленты на вашем родном языке.

4. В статье упоминается «кодекс чести настоящего пацана». Найдите это место. Выпишите его определение. Какие два качества являются самыми главными для ребят?

5. Вы заметили в тексте слово «волосатики». Вы поняли, о ком идёт речь? Найдите английский эквивалент этого слова. Объясните по-русски, кого называют этим словом. Как вы думаете, этот термин в данном случае выражает:
   — уважение
   — симпатию
   — презрение
   — равнодушие.

6. «Мы и они» или «вы и мы» — такой взгляд на мир не уникален и существует за пределами города Набережные Челны и за пределами России. Но интересно, на какие две группы делит людей эта молодёжь. Кто в их формуле «мы» и кто «они»? Найдите место в тексте, где объясняется эта «классификация».

После чтения

1. У всего есть свои причины. Какие причины драмы подростков нашли вы в этом тексте? Назовите их.

2. Как вам кажется, должна измениться их ситуация в связи с изменениями в стране? Улучшится она или ухудшится? Каково ваше мнение?

3. Прочитайте, что об этом думает журналистка. Найдите её точку зрения.

4. Этот рассказ напомнил вам о проблеме организованных молодёжных банд в вашей стране? Сравните их истоки, характер, пути решения этой проблемы. Что делать, чтобы преодолеть организованное хулиганство подростков? Запишите ваши рекомендации или мысли по этому поводу.

ОТЦЫ-ОДИНОЧКИ

Древняя мудрость советует мужчине каждое утро в молитве благодарить Бога за то, что тот не создал его женщиной. С расхожим мнением хочется не согласиться. В нашем отечестве гораздо вернее родиться женщиной. Тогда все наперед понятно и определено: охрана материнства и детства, пособия и отпуска, женские консультации и женсоветы... Вторая половина населения плывет против течения. Отец и дитя, отцовство и детство. Непривычное словосочетание режет слух. Тем, кто замахивается на равноправие с женщиной в воспитании собственных детей, опоры не найти.

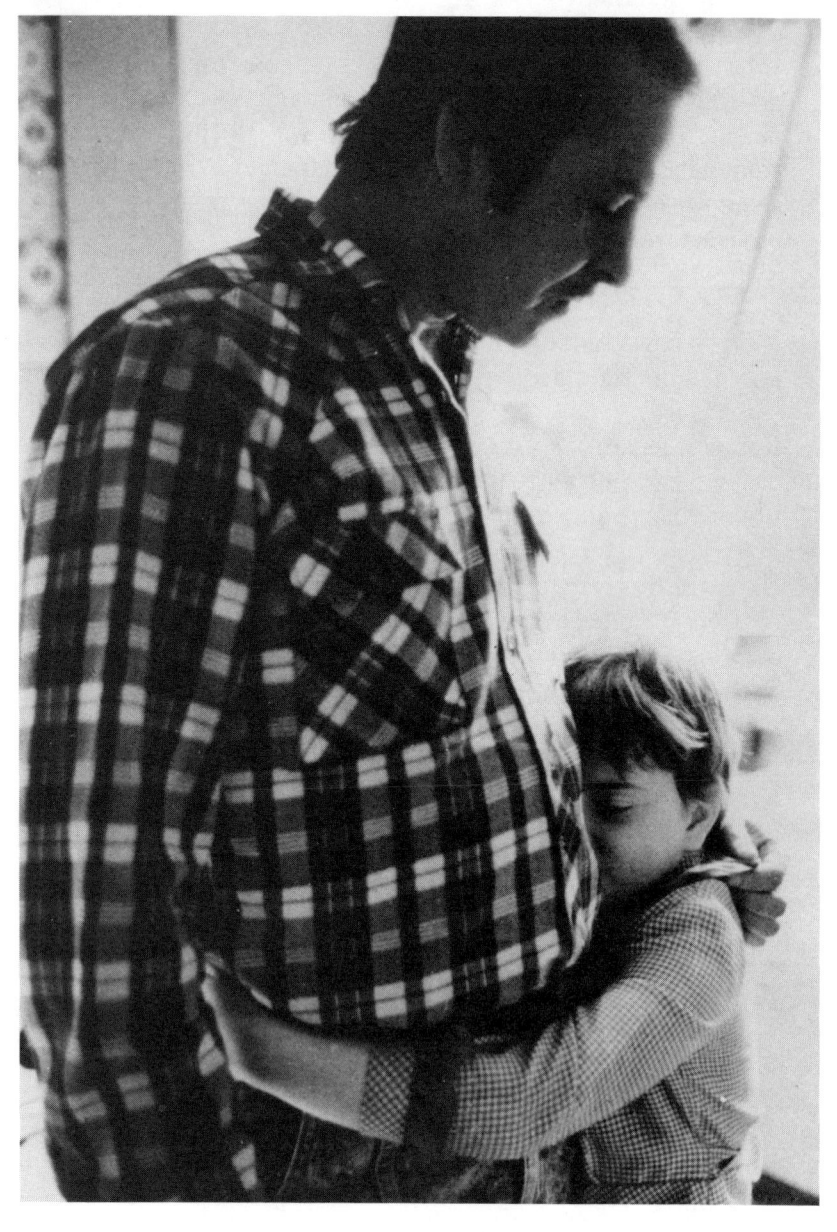

Наверное, поэтому Николай Митрофанович Баринов, тридцати семи лет от роду, самостоятельно воспитывающий дочь и сына, разговор начинает с однозначного вывода: «Я живу не по закону, а по совести». Спорить с ним трудно, его семейная жизнь похожа на негативную пленку: все узнаваемо, но только наоборот. Едва стоящая на ногах жена катит коляску с грудным ребенком, или приходит невесть откуда за полночь, или устраивает пьяный скандал с дракой на потеху соседям. А он, муж, в рот не берет спиртного, всегда при детях, оберегает их от хулиганящей во хмелю мамаши, добивается лишения ее родительских прав, за что навлекает на себя угрозы, шантаж, а потом и расправу дружков жены.

Но Баринов человек сильный. За девять лет одинокого отцовства у него выработался отчаянный азарт в постоянном преодолении трудностей. Любимая его фраза: «Я не верю». В чудеса. В милосердие. В возможность счастья. Найти детям мать? Это почти нереально. Нет, конечно, друзья пытаются знакомить, толкают в бок — женись, не теряйся! Только зря все это. Николай Митрофанович не терпит компромиссов: либо дети, либо личная жизнь. Выбор всегда в пользу детей. Смешно сказать, но даже в кино одному пойти — это как предательство. Он, значит, будет развлекаться, а сын с дочкой одни дома сидеть?

Не маленькие они уже, правда. Старшему тринадцать лет, он по-взрослому рассудителен и домовит, решил, что женится только по любви. Младшей — десять, и она бегает к соседям нянчить малыша. Однако привыкли дети, что папа если не на работе, так дома. Пока глава семьи двенадцать часов сидит за рулем своего такси, они и сварят, и постирают, и в доме уберутся, но на следующий день, в выходной, он весь день обязательно проведет с ними.

Другая черта характера Баринова — чувство собственного достоинства. К примеру, мать-одиночка имеет право на укороченный рабочий день, на отпуск в летнее время и прочее. В 16-м таксомоторном парке Москвы, где работает Николай Митрофанович, наверняка знают про все эти льготы, но, видимо, полагают, что отцу-одиночке они ни к чему. А тот не подает голоса, поскольку не привык просить. Не мужское занятие — выпрашивать подачки. Сколько одних бумажек с печатями нужно собрать, чтобы бухгалтерия выписала сорок рублей материальной помощи. Или в школе. Дадут денег, но изволь чек из магазина принести, да еще в положенный срок. А если нет в это время товара в магазине? Унизительно как-то получается. Уж если проявляете заботу, так доверяйте, не контролируйте по мелочам. А то лучше совсем никуда не обращаться.

Однажды только сильно обиделся Баринов. Когда в таксопарке холодильники распределяли. Ему эта покупка позарез была нужна — старый холодильник дома окончательно развалился, и хранить продукты стало негде. Но никто не вспомнил про одинокого отца, а сам он, как водится, промолчал. Только теперь, по прошествии времени, позволил себе вслух поразмышлять: «Почему семьям с тремя детьми дают право на внеочередное обслуживание, а таким, как я, — нет? У них трое детей на двоих, а у меня двое на одного...»

У Василия Васильевича Славгородского тоже двое на одного — дочки четырнадцати и семи лет. В отличие от Баринова он улыбчивее и мягче. Это и понятно: в семье был счастлив, жил с женой в любви и согласии. Два года назад жены не стало. Внезапно, в одночасье. Благополучный муж и отец превратился во вдовца.

Для кого-то подобная ситуация могла обернуться катастрофой — за что хвататься? Как быть дальше? У Василия Васильевича паники не было: сковородка и корыто — предметы для него привычные, не гнушался он никогда женской работой. Дом сразу взял на себя, магазины. Горячие обеды для дочек взамен школьной кормежки — это дело чести. Пусть дети учатся спокойно, не загружая себя житейскими хлопотами, на то у них отец имеется. Правда, пришлось режим свой слегка поменять. Подъем в 4.45 утра. До полудня возит пассажиров на автобусе под номером 71 от метро «Свиблово» до Бибирева и обратно. Потом трехчасовой перерыв на семейные заботы и до 21.30 вечера снова рейсы. С пониманием отнеслись к Василию Васильевичу в 7-м автобусном парке Москвы — освободили от ночных смен. А больше ничего и не надо. Он, как все отцы-одиночки, не любит кланяться, жаловаться. Уж лучше молча лишнюю смену отработать...

Как-то раз, правда, дал слабину — попросил в поликлинике, чтобы его с двумя дочками без очереди пропустили. Много в ответ про себя наслушался. Главная мысль у возмущенных мамаш, сидящих под дверью врачебного кабинета, была следующей: нечего такому молодому мужчине канючить, давно бы женился...

Да Славгородский, собственно, и не возражает, только не так все просто и быстро. Дочки не очень-то хотят новую маму, видно, им и с папой неплохо. Младшая с ним, как с подружкой, всеми секретами делится. А когда он чувствует свою явную некомпетентность в вопросах бантиков, нарядов, косичек, отсылает девчонок к своей сестре, живущей неподалеку. У той своя семья, и дети там не гости, а главные действующие лица. Продолжают внучки, как и прежде, ездить к своей бабушке, у Василия Васильевича с тещей всегда были хорошие отношения, смерть жены их только упрочила.

По поводу свободного времени и личных интересов Славгородский не терзает себя сомнениями: в сорок два года жизнь не остановилась. Если дочки пристроены, не зазорно поехать на рыбалку, встретиться с друзьями, в кино наведаться. Зачем на себе крест ставить? Детям нужен жизнерадостный, интересный папа. А когда совсем невмоготу — терпи, молчи и никому не жалуйся.

Все-таки сильно различаются мужчины и женщины. Ну какая

мать ради своего ребенка лишний раз не поплачется, не посетует на судьбу, особенно если растит его одна? Поэтому государству с матерью-одиночкой просто: можно ограничиться более чем скромным пособием — и на том спасибо скажут. Зато какую громадную проблему решают отважные женщины: не дожидаясь личного счастья, вносят посильный вклад в повышение рождаемости в стране!

Все бы хорошо, но остаются не у дел отцы, без которых, как ни крути, не бывает матерей. «Я боюсь иметь своего ребенка, — пишет нам читатель из Куйбышева. — Мне тридцать лет, но я до сих пор не женат и не знаю, женюсь ли когда-нибудь. Мало того, что заводить ребенка сегодня — слишком дорогое удовольствие. Ты еще и не обладаешь никакими правами на свое дитя. Представьте: женился, родили малыша, потом в чем-то не сошлись взглядами — и развод. Алиментов я не боюсь, но знаю, что ребенка при разводе мне не видать, даже изредка общаться с ним жена может не разрешить. Все устроено так, чтобы женщина одна растила ребенка. А мы, мужчины, превращены в бессловесных исполнителей — сделал свое дело и уходи, больше не нужен. Я думаю, что матерей-одиночек не будет только тогда, когда исчезнут отцы-невидимки».

Николай Митрофанович Баринов, Василий Васильевич Славгородский пока в одиночестве, поскольку их отцовские возможности общество не принимает всерьез и делает ставку на матерей.

Но беречь мужчин — не лучший ли это способ беречь женщин? И детей, которые по замыслу природы должны расти в присутствии обоих родителей. Только что создана Московская региональная ассоциация одиноких отцов. Лед тронулся?

СЛОВАРЬ И ОБЪЯСНЕНИЯ К ТЕКСТУ

с расхожим мнением: с широко распространенным мнением
наперёд (простор.): заранее, с самого начала
режет слух: кажется непривычным, когда слышишь (слово, выражение)
замахивается на: стремиться к тому, что трудно достижимо
невесть откуда: неизвестно откуда
в рот не берёт спиртного: совсем не пьёт
во хмелю: в пьяном состоянии
не теряйся: *здесь:* используй возможность
зря: напрасно
не терпит компромиссов: не любит, не признает компромиссов
домовит: хороший хозяин, заботится о доме
укороченный рабочий день: некоторые категории работников имеют более короткий рабочий день
ни к чему: не нужны
не подаёт голоса: молчит
выпрашивать подачки — подачка: то, что дают из жалости
изволь: *здесь:* обязан
распределяли: в ситуации дефицита товаров на работе решали, кому продать этот товар

позарез: очень, крайне
как водится: как обычно
по прошествии времени: через некоторое время
в одночасье: быстро, за короткое время
за что хвататься: что делать в первую очередь
не гнушался женской работой: не считал недостойной, неподходящей (для мужчины)
взял на себя: признал своей обязанностью
кланяться: *здесь:* просить
дал слабину: проявил слабость
канючить: выпрашивать, надоедать просьбами, жалобами
упрочила: сделала прочнее
не терзает себя: не мучает себя
не зазорно: не стыдно
в кино наведаться: в кино иногда сходить
на себе крест ставить: считать свою жизнь конченной
невмоготу: нет сил терпеть
не посетует на судьбу: не пожалуется
и на том спасибо скажут: и за это будут благодарны
как ни крути: *здесь:* что ни говори
делает ставку на: рассчитывает главным образом на...

РАБОТА НАД ТЕКСТОМ

До чтения

Отцы-одиночки. Тема эта тяжёлая и современная. В русском языке и культуре уже устоялось понятие «мать-одиночка», о них часто пишут и говорят, реже — оказывают конкретную помощь. Понятие «отец-одиночка» пока ещё непривычно, хотя встречается всё чаще. Есть это явление и в западной действительности.

1. Откуда берутся отцы-одиночки?

2. Какие причины ведут к этому?

3. Назовите 2—3 причины, которые кажутся вам наиболее типичными.

4. Сравните с тем, что получилось у ваших однокурсников.

Во время чтения

Интересно, среди тех причин, которые вы назвали, есть «лишение материнства»? Именно поэтому стал отцом-одиночкой Николай Митрофанович Баринов. Его жену лишили родительских прав за хулиганство и алкоголизм. Уже девять лет он один воспитывает своих детей.

Первый этап

1. Прочитайте первый абзац и найдите информацию о:
   — детях Баринова
   — его работе
   — домашних обязанностях всех членов семьи.

2. Какую ещё информацию вы рассчитываете получить из этой статьи? Факты из жизни Баринова? События из жизни его детей? Что-то ещё?

3. Прочитайте ещё два абзаца и проверьте правильность ваших догадок.

4. Вы поняли, что государство выплачивает одиноким родителям дотацию на воспитание детей? Что приходится делать Баринову, чтобы её получить? Назовите эту сумму.

5. Что Баринов считает недостойным мужчины? Найдите это место в тексте.

6. Как вам кажется, автор разделяет точку зрения Баринова? А вы?

7. Может быть, такое представление типично только для советской культуры? Или его можно встретить и в вашей стране?

8. Во второй половине статьи речь идёт о другом мужчине. Как вы считаете, его история похожа на историю Баринова? Если похожа, то в чём? Если непохожа, то в чём?

Второй этап

1. Прочитайте первый абзац. Проверьте правильность ваших догадок.

2. Что же общего в истории этих отцов? Чем они отличаются?

3. Как вы думаете, справился Славгородский со своей бедой? Почему вы так думаете?

4. Прочитайте следующий абзац и проверьте правильность ваших догадок.

5. Из этого абзаца вы узнали ещё об одном сходстве между двумя мужчинами. Это сходство профессиональное. Кем они работают? Перечислите факты из рабочей жизни Славгородского, о которых вы прочитали во втором абзаце.

Третий этап

1. Что значит «лучше молча лишнюю смену отработать»? Лучше, чем что? Почему это лучше?

2. Найдите на своём родном языке эквиваленты следующих выражений и словосочетаний:
   — отец-одиночка
   — жениться по любви
   — сидеть за рулём
   — увство собственного достоинства
   — льготы
   — выпрашивать подачки
   — принимать всерьёз
   — лёд тронулся
   — мужское занятие
   — жить в любви и согласии
   — дело чести
   — житейские хлопоты
   — ночная смена.

После чтения

1. Какое заключение может быть у этой статьи? Как вы думаете?

2. Прочитайте его. Как можно определить проблемы, поднятые в заключение? Назовите их.

3. Как вы понимаете выражение «лёд тронулся» в данном случае? Что хочет сказать этим автор?

4. Как вам кажется, положение отцов-одиночек в России напоминает ситуацию в вашей стране? У вас есть примеры похожих историй? Расскажите или напишите об одном из них.

ПУЛЯ НА ШЕЕ

Ездить, ходить сюда — не могу больше, хватит. Смотреть, как по коридорам, по аллеям сада ковыляют то с палочкой, то на костылях, то по самые глаза спеленатые бинтами стриженые пацаны, ловить их то отрешенные, то сочащиеся болью, то злостью горящие глаза, слушать, как в операционной клацают в тазик то пули, то осколки, как хирург в свете плафонов рявкнет вдруг: «Сердце ему держи, уйдет ведь!», как по средам (посетительский день) съехавшиеся со всей страны отцы, матери, сестры, невесты лежащих здесь ребят хватают за рукава халатов то врача, то медсестру, то фельдшера и кто-то благодарит, кто-то молит о чуде, а кто-то криком кричит слова, которые тут бы забыть... А потом выходишь за ворота, едешь в автобусе или электричке, идешь по улице, где все могут ходить, толкаться, хохмить или собачиться в очередях, смотреть по телевизору обязательные теперь шоу или ленивое переругивание политиков, пугать друг друга отменой очередной купюры и ростом цен — час назад в какую жизнь меня занесло, почему не знал ее раньше?

Помолчу сейчас и продолжу строже, спокойнее.

Я был в Центральном госпитале внутренних войск МВД СССР, что от Москвы совсем рядом. Бывал там в прошлом году — после Ферганы и Карабаха, навещал друзей. Они лежали с обычными, как мы с вами, сугубо штатскими болезнями и как-то стеснялись своих инфарктов, гипертонии, простуды перед теми, кого вносили сюда на носилках, прошитых пулями и осколками, остро заточенными палками или железными штырями или горевших в подстреленных бэтээрах — все там же, в горячих точках, — новое понятие в нашей географии.

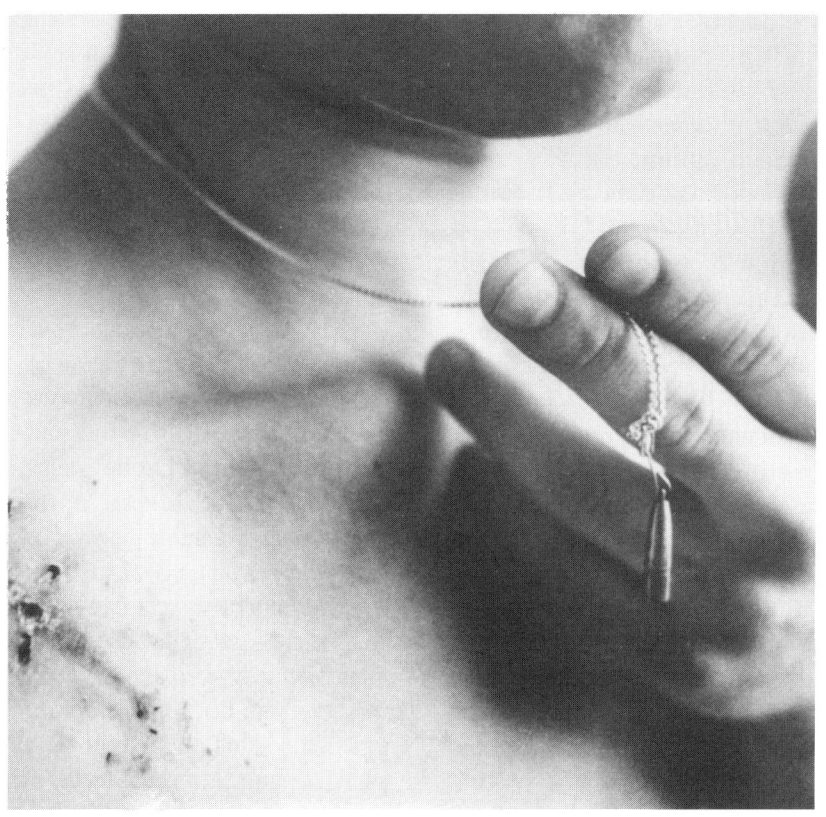

В прошлом году в госпиталь привезли восемьдесят пять таких горемык, у каждого в истории болезни одна и та же строчка: «Огнестрельное ранение». Или: «Травма черепа». Или: «Множественные ожоги». Сорок пять из них дышали на ладан, пульс нащупывался с трудом. Так вот, ни один из приговоренных к смерти в этом госпитале не умер, ни одной похоронки отсюда не ушло. Тринадцать мальчиков стали инвалидами, кому восемнадцать, кому девятнадцать годков. Семьдесят два парня уехали по домам здоровыми абсолютно, только шрамы да память горькую увезли с собой.

Этот госпиталь фронтовой. Если мы услышим весть еще из одной горячей точки, в тот же день из Москвы на транспортном самолете ВВ туда, где идут бои, вылетит медсанбат — и врачи всех специальностей, и сестрички. Вместе с ящиками с аппаратурой и лекарствами они повезут лично для себя каски, бронежилеты и автоматы — это когда ТАСС сообщит, что обстановка (перечислять — где?) обострилась и туда введены подразделения внутренних войск. Я прошу не путать их с частями армии, которая стоит под началом маршала Язова, — не ВВ грохотали танками в Баку и Вильнюсе, не они лупцевали людей саперными лопатками в Тбилиси. Но это я так, к слову, — каждому свое. И вообще Боже нас упаси переносить гнев с политических бездарей на подневольных исполнителей, на наших с вами сыновей в военной форме. И разговор-то сейчас о другом: коли уж нам суждено слышать выстрелы то в одной, то в другой республике, коли пуля боевика все-таки достает то солдата, то офицера, будем спасать их от смертей и увечий, возвращать если не в строй, то по родным домам такими же крепкими, какими они уходили под ружье.

Здесь, в госпитале, это умеют, не знаю, право, как повезло здешнему начальнику подполковнику медицинской слубы Служаеву Геннадию Васильевичу окружить себя такими профессионалами, такими подвижниками. Я, когда наслушался о них добрейших слов от раненых, от их родных да еще начитался писем, которые те сюда присылают с благодарностями, поклонами, благословениями, когда сам познакомился с хирургами, терапевтами, анестезиологами, сестрами, когда поддался их обаянию и был очарован каждым, решил за рассказ не браться, слишком уж будет он восторженным, пышнословным, пусть они сами о себе говорят, а мы уж послушаем.

Голик Мария Серафимовна, старшая медсестра реанимационного отделения, солдатики зовут ее то по имени-отчеству, то «тетя Маша», а врачи постарше — и Машенькой; ей слово первой.

Вот послушайте, что она мне вспомнила:

— В январе прошлого года, 12 числа, нас подняли по тревоге — подполковников медслужбы Харькового и Хоребу, приказали вылететь в Степанакерт. Сначала сели в Гяндже, потом тут же на военном вертолете полетели дальше. Задача: срочно развернуть медсанбат в высокогорном поселке Шуша. Сели в машину с красным крестом, там уже был старлей, представился: Альбиков Сергей. В каске, бронежилете, автомат на груди. Спрашиваю: вы взводный? А он: да врач я, терапевт. Так же и нас экипировали. Добрались до Шуши нормально, никто не стрелял, а тут сообщение: срочно ехать в поселок Мартуни, там солдата ранили в голову. Умер он, нас не дождался. А когда в Шушу возвращались, — шквал огня. Мы залегли, отстреливались. Пронесло. 18 января я на военном вертолете повезла в Тбилиси, в госпиталь, солдата и офицера. В районе Казаха нас обстреляли, вертолет то в сторону, то вниз, я солдатика на руках держу, уколы еще исхитряюсь делать. Довезла.

В мае девяностого летала в Ереван, там наш караул обстреляли — на вокзале, помните? Командующий войсками прислал свой самолет, мы там все столики, все кресла перевернули — надо было носилки ставить. Я прошу пилотов: миленькие, скорее, не довезем ведь. На полчаса раньше в Москве сели, все были живы, в сознании. Спасли всех, кроме Терещенко, лейтенанта, — пули были у него в позвоночнике, умер он в госпитале имени Бурденко, двадцатилетний, красивый, у него только губы и двигались — улыбался. Не знаю, может быть, нам скоро в Осетию лететь?

Полковник медицинской службы, начальник хирургического отделения Гордеев Евгений Петрович, сорок три года, побывал в Афганистане.

— Я уже старый, — смеется. — Вы знаете, сколько хирурги живут? У меня было два учителя — Трусевич Георгий Петрович и Егоров Владимир Иванович. Оба умерли от инфарктов — Егорову было 56 лет, а Трусевичу и того меньше — 50. Нормальный хирург, бывает, стоит за операционным столом по 10—12 часов, и не просто стоит — работает. Для меня, когда я беру в руки скальпель, нет ни своих, ни чужих страдальцев. В Афгане я оперировал и земляков, и душманов, здесь так же: будь ты наш солдат или боевик, в этого солдата стрелявший, — я обоих заштопаю. Я говорю так: перетащу-ка я тебя, голубчик, назад — из смерти к жизни. Так я и Саше Яковлеву сказал — он рядовой, из того самого караула, который расстреливали на вокзале Еревана. Очередь прошла ему живот, там одно месиво было. Я с ним три месяца возился, недавно домой проводил. А Сережа Платонов? У него пули раздробили бедро, началось воспаление, один выход — ампутация. Дудки! Через полгода на своих домой пошел. Откуда сейчас раненых ждать, не знаете?

Врач-терапевт, подполковник медицинской службы Сементковский Виктор Михайлович:

— С медсанбатом я побывал в Ленинакане, Спитаке, Баку, Фергане, Яйпане, Коканде, Маргилане. Можно, я ничего не буду рассказывать?

Врач анестезиолог-реаниматор, подполковник медицинской службы Харьковой Олег Александрович:

— Никому не пожелаю увидеть то, что увидел в Сумгаите, еще в 87-м году, в феврале. Десятки наших солдат были буквально растерзаны толпой, не надо подробностей, хорошо? Их послали против тысяч озверевших людей — с автоматами, но без патронов. В них летели ножи, камни, пики, в них палили и из нарезных ружей, и из пистолетов, а парни стояли живой цепью, безоружные, беззащитные. Это каратели? Это оккупанты?

Доктор Сергей Альбиков, старший лейтенант, вместо рассказа всем нам спел свои собственные песни под гитару.

Вот несколько куплетов из них, каждый может подобрать два-три аккорда и спеть по-своему, если слова придутся по душе.

Вот из одной песни: «Здесь садится солнце на крутые горы, но обманчив этот ласковый закат. Вспомнив на дорогу дьявола и Бога, вверх по ней уходит в горы медсанбат». Из другой: «Серый туман на исходе лета, серый туман плотной стеной, ветер шальной, цепью стоим в бронежилетах, бедам дорогу закрыли мы цепью живой». А вот совсем неожиданное: «Кто-то сказал, что теплее в жилетах, вовсе не греют такие жилеты солдат». «Очень обидно глупо погибнуть, это случается здесь иногда».

Каждый, кто уходит из госпиталя домой, песни эти обязательно перепишет. И еще непременно выпросит у доктора или сестрички пулю, которая хотела его убить. И на ниточке повесит на шею.

СЛОВАРЬ И ОБЪЯСНЕНИЯ К ТЕКСТУ

ковыляют: с трудом идут
спеленатые бинтами: плотно забинтованные
пацаны: ребята, парни
клацают: звенят при ударе
рявкнет: сердито крикнет
хохмить: шутить, рассказывать смешные истории
собачиться: ругаться
в какую жизнь меня занесло: в какую жизнь я вдруг попал
в бэтээрах — **БТР:** бронетранспортёр
дышали на ладан: умирали
ни одной похоронки — **похоронка** (от сл. похороны): извещение о смерти
кому восемнадцать, кому девятнадцать годков: «годков» вместо «лет» подчеркивает молодость ребят
ВВ: воздушные войска

медсанбат: медицинский санитарный батальон
ТАСС: Телеграфное агентство Советского Союза
лупцевали: били с силой
бездарей — **бездарь:** неспособный, бездарный человек
коли: если
пуля боевика — **боевик:** боец националистических сил
старлей: старший лейтенант
взводный: командир взвода
заштопаю: зашью; *здесь:* прооперирую
дудки: ни в коем случае
на своих пошёл: на своих ногах пошёл, без протеза...
придутся по душе: понравятся
на исходе лета: в конце лета

РАБОТА НАД ТЕКСТОМ

До чтения

Больницы бывают разные. Больница для военных называется «госпиталь». Об одной из таких больниц рассказывается в статье Георгия Рожнова «Пуля на шее». Рожнов побывал в Центральном госпитале внутренних войск МВД (Министерство внутренних дел) СССР. Разговаривал с разными людьми.

1. Как вы думаете, о чём они говорили?

2. Напишите две-три темы, на которые шёл разговор.

Во время чтения

Первый этап

1. Просмотрите статью. Скажите, с кем вёл разговор журналист, откуда привозят пациентов в этот госпиталь.

2. Вы запомнили, сколько лет живут хирурги? Долго или мало?

3. Как описывает жизнь хирурга Гордеев? Каким словом можно её определить:
   — трудная
   — интересная
   — благородная
   — увлекательная.

4. Военный госпиталь может быть переполнен во время военных действий. Но, откуда берутся в нём больные в мирное время? Назовите, какие события привели к этим жертвам.

Второй этап

1. Военный госпиталь многим отличается от гражданской больницы. Как вы заметили, врачи здесь тоже военные. Назовите, в каком ранге находятся врачи, с которыми беседовал журналист? Вы помните их имена? А в какой области медицины они работают?

2. Вы, наверно, обратили внимание на слово «медсанбат»? Как оно расшифровывается? Как перевести его на ваш родной язык?

3. Выпишите слова, которые можно отнести к теме «военная медицина». Сюда должны войти термины, как военные, так и медицинские. Сравните с тем, что получилось у других. Дополните свой список, если надо.

4. Среди слов, которые вы выписали, должно быть слово «пуля». Посмотрите на последний абзац статьи и на последнее предложение. Скажите, о какой песне здесь идёт речь. Почему те, кто уходит из госпиталя, берут с собой пулю? Какая это пуля? Что они с ней делают? Как вы думаете, почему?

После чтения

Один из врачей госпиталя сказал журналисту, что он готов лечить и лечит всех — и «своих», и «чужих». Эти слова заставляют подумать о медицинской этике, вспомнить клятву Гиппократа. Наверно, позицию русского врача можно сравнить с позицией других врачей в мире.

1. Что вы думаете об этом?

2. Какие другие вопросы, связанные с этикой и медициной, интересуют вас, волнуют западных людей, обсуждаются на страницах западной прессы? Обсудите это в группе.

ПОСЛЕДНИЙ ШАНС

Тысячи больных стремятся попасть на сеанс к В. В. Добровольскому в клуб московской фабрики «Новая заря», на ул. Б. Серпуховскую, д. 31. И он по мере сил старается помочь каждому, кто к нему обращается. Так же, впрочем, как и другие практикующие ученики А. Р. Довженко. Но их, увы, ничтожно малое число: даже при большом умении им не победить эту страшную болезнь — алкоголизм.

И здесь снова возникает проблема общества, в котором все вывернуто наоборот. С одной стороны, есть огромный спрос — тысячи людей хотят лечиться по методу Довженко. С другой стороны, и предложение тоже есть — около сотни врачей, владеющих этим методом. Но практически ни у одного из них нет соответствующих условий для работы. Почти все, как и В. В. Добровольский, вынуждены проводить сеансы в клубах, домах культуры и других неприспособленных помещениях.

Медицинские чиновники всех рангов, которые громогласно трубят: «Пьянству — бой», фактически пустили это дело на самотёк. И мы продолжаем горько вздыхать и называть алкоголизм болезнью века...

СЛОВАРЬ И ОБЪЯСНЕНИЯ К ТЕКСТУ

по мере сил старается: насколько может, старается
Довженко А. Р.: врач, автор особой методики лечения алкоголизма
увы: к сожалению
проблема общества, в котором всё вывернуто наоборот: проблема общества, в котором нарушены все общественные законы, всё ненормально
трубят: громко заявляют
пустили это дело на самотёк: не занимаются этим делом

РАБОТА НАД ТЕКСТОМ

До чтения

1. Прочитайте заголовок. Какие ассоциации вызывают у вас эти слова? Какое настроение?

2. Напишите несколько слов, которые темой или настроением связаны с понятием «последний шанс». Сравните с тем, что получилось у других студентов в группе.

Во время чтения

Первый этап

1. Просмотрите первый абзац. Назовите проблему, о которой идёт речь в этой публикации.

2. Как определяет эту проблему автор публикации? Что это: порок, плохая наследственность, дурные привычки или что-то ещё?

3. Учитывая, что вы знаете, о какой проблеме идёт речь, постарайтесь догадаться, какую ещё информацию можно найти в этой публикации: факты, статистику, медицинские наблюдения или что-то ещё?

Второй этап

1. Центральным понятием в статье является понятие спроса и предложения. Как перевести это понятие на ваш родной язык? Что в данном случае является спросом и что предложением?

2. Вы, наверно, не знаете имя Довженко, но вы можете догадаться, чем занимается этот человек и как применяется его метод.

3. Сколько врачей умеют пользоваться этим методом?

4. По мнению автора проблема в том, что:
   — врачей слишком мало
   — врачи плохо квалифицированы
   — врачам мало платят.

5. Вы заметили, что эти врачи не принимают своих пациентов в поликлиниках или в больницах? Перечислите места, где проводится приём больных.

6. Переведите на свой родной язык следующие выражения. Найдите их примеры в тексте и приведите свои примеры.
   — по мере сил
   — при большом умении
   — с одной стороны — с другой стороны
   — пустить на самотёк.

7. Автор называет алкоголизм болезнью в прямом и переносном смыслах. Найдите примеры обоих. Выпишите их. Дайте свои примеры употребления этого слова в прямом и переносном смыслах.

После чтения

1. Автор называет алкоголизм болезнью века. Вы согласны с этим мнением? В вашей стране это тоже главная проблема, угрожающая здоровью общества, или есть другие, более страшные?

2. Говоря о советском обществе, автор публикации утверждает, что это общество, в котором всё вывернуто наоборот. Как вы понимаете это замечание? Какие примеры вы можете привести? Или вам ближе и понятнее проблемы в вашей стране? У вас бывают ситуации, когда вам тоже хочется сказать, что в вашем обществе всё наоборот? Напишите об этом короткую заметку или просто обсудите в группе.

■ ВРЕМЕНА ГОДА

КОНЧИТСЯ ЛИ НАША ЗИМА?

ЗАПИСКИ МОСКОВСКОГО РЕПОРТЕРА

— Как дела? — спрашивают москвичи друг у друга.

Обычный ответ: «Устаю», «Устал, как собака», «Забегался, как лошадь».

— Что, работы много?

— Да сам (сама) не знаю.

Люди уже не знают, от чего они устали больше — от политической трескотни лидеров или от хождений по магазинам. Люди устали тревожиться, устали надеяться на улучшение жизни, устали от дестабилизации социальной, национальной, нравственной. Обычно те, кто ездит в общественном транспорте, озлоблены, ожесточены, обеспокоены, задерганы. У многих развился невроз, и то видно по глазам, лицам, рукам, речи. Мой знакомый экстрасенс считает, что Москва — дьявольский, чертовский город. В общественном транспорте одни пассажиры забирают энергию соседей, другие же, не умея регулировать свою энергетику, создают такой биозаряд, что он, подобно шаровой молнии, влетает в биополе ничего не подозревающего пассажира.

— Это хорошо, когда заряд, передаваемый другому, положительный. Но ведь очень часто в «дыры» нашего биополя входит всякая чернь и гадость.

Я не мистик, а человек, воспитанный, как и все, пионерией, комсомолией, партией, а посему материалист, ведь мне, как и всем нам, ничего не предлагалось взамен. И тем не менее я поверил своему экстрасенсу. А именно тому, что среднестатистический москвич устает не от работы, но от переезда от места работы к дому. Он мне сказал, что есть черные маги, есть белые.

— Какой-нибудь черный тебе передал свою нехорошую энергию, поэтому у тебя сегодня головокружение и страх.

Сенс с полчаса колдовал над моей головой, заполняя бреши моего возбужденного биополя. И что вы думаете? Через полчаса все прошло, исчезло...

СЛОВАРЬ И ОБЪЯСНЕНИЯ К ТЕКСТУ

от политической трескотни... — **трескотня:** пустые, хотя и громкие речи
задёрганы: замучены постоянными заботами, делами
колдовал: *здесь:* делал какие-то непонятные движения
бреши: пустые места

РАБОТА НАД ТЕКСТОМ

До чтения

1. Как вы отвечаете на приветствие по-русски? Что вы скажете, если вас спросят: «Как дела»? Вы, наверно, хорошо знаете, что́ надо отвечать в таких случаях. Сравните ваш ответ с ответами, которые вы найдёте в начале статьи. Что у вас получилось?

2. Вас удивили ответы? Как вы думаете, чем они объясняются?
   — русским характером
   — специфической ситуацией
   — юмором автора.

Во время чтения

Первый этап

1. Просмотрите отрывок из статьи и найдите ответ на предыдущий вопрос.

2. Как объясняет автор свой материализм? Он вызван:
   — философской позицией
   — воспитанием
   — потерей веры.

3. Почему автор решил обратиться к экстрасенсу? Кто такие «экстрасенсы»? Чем занимаются эти люди?

4. Как кончился сеанс?
   — автору стало хуже
   — заболел экстрасенс
   — состояние автора улучшилось.

Второй этап

1. Найдите эквиваленты в тексте для следующих подчёркнутых слов и выражений:
   — люди устали от пустых разговоров на политические темы
   — пионерская организация, комсомольская организация
   — около получаса.

2. Найдите, какими словами автор описывает состояние москвичей, особенно тех, кто пользуется общественным транспортом.

3. О каких типах дестабилизации говорит автор? Перечислите их.

4. Какими словами описывает экстрасенс Москву? Почему?

После чтения

1. Как вы думаете, автор действительно поверил экстрасенсу? Ему действительно стало лучше?

2. А вы верите экстрасенсам?

3. А в чёрную и белую магию? Почему?

4. Может быть, вы напишете об этом несколько слов автору статьи. Ему наверняка будет интересно.

«ОГОНЕК» АнтиСПИД»

15 июля 1990 года умер выдающийся скрипач Олег Каган. Жестокая болезнь сразила Олега на гастролях, обрекла на месяцы разлуки с домом. Олег умер в Мюнхене, куда его едва довезли после заключительного концерта на фестивале в Кройте.

В последние месяцы перед смертью, потрясенный публикациями в «Огоньке», Олег очень хотел помочь детям, над которыми нависла угроза СПИДа. Он пытался организовать благотворительные концерты, создать фонд помощи — не успел. Многие знали об этом, и в объявлении о панихиде в мюнхенских газетах появились такие слова: «Вы исполните волю покойного, если деньги, которые, возможно, собирались истратить на цветы или венки, переведете на счет Фонда «АнтиСПИД». Собранные деньги вместе с пожертвованиями семьи — 20 000 немецких марок — жена Олега Кагана Наталия Гутман перевела на счет Фонда «Огонек» — АнтиСПИД».

СОВЕТСКИЙ БЛАГОТВОРИТЕЛЬНЫЙ ФОНД

Наших детей продолжают заражать СПИДом в больницах. Пока Минздрав бездействует — от всех нас зависит предотвратить новые жертвы.

Мы обращаемся ко всем, кому небезразлична жизнь наших детей, кто в силах нам помочь.

В благотворительных грузах просим присылать не только одноразовые шприцы — также и одноразовые системы для переливания крови, одноразовые внутривенные катетеры, стерилизаторы медицинских инструментов, дезинфицирующие растворы, защитные перчатки и маски для врачей. Всего этого катастрофически не хватает в больницах.

На ваши пожертвования в валюте будет закуплена технологическая линия по производству одноразовых медицинских инструментов.

Ваши пожертвования в рублях идут на выплату ежемесячных пособий детям, инфицированным ВИЧ.

Друзья! Мы рассчитываем на вашу помощь!

ХРОНИКА ПОЖЕРТВОВАНИЙ

Оркестр под управлением Евгения Светланова — 11 499 одноразовых шприцев и 2 500 одноразовых игл, 15 одноразовых катетеров. Благотворительный груз передан в Павлово-Посадскую детскую больницу.

Василий Аксенов — 1 350 одноразовых шприцев и 300 одноразовых игл.

14 января в Фонд «Огонек» — АнтиСПИД» обратились из Литовского Центра борьбы со СПИДом с просьбой срочно передать одноразовые шприцы для больниц Вильнюса. Мы передали в Литву шприцы от В. Аксенова и 500 одноразовых игл от японской газеты «Секай Ниппо».

Госкино СССР передало в дар Фонду «Огонек» — АнтиСПИД» документальный фильм режиссера Сергея Баранова «Остров СПИД» для широкой просветительской работы и для коммерческого проката в пользу детей, инфицированных ВИЧ.

Общество германо-советской дружбы (Берлин) — 51 посылка с рождественскими подарками для детей. Фонд передал подарки детям, инфицированным ВИЧ, в Шахты, Элисту, Москву.

Анна Саакянц (Канада), прихожане Кафедрального Собора св. Петра и Павла (Монреаль) — гуманитарный груз (995 кг): медицинское оборудование, продукты и одежда для детей. Благотворительные посылки были переданы в Волгоград, Элисту, Ленинград, Москву, Челябинск.

ВНИИ биологического приборостроения государственного концерна «Биопрепарат» передал дозаторы пипеточные ДП-8-200 в количестве 10 штук. Дозаторы переданы в лабораторию диагностики СПИДа при станции переливания крови (г. Шахты).

«Мы, члены Акссоциации советских женщин, проживающих в Коста-Рике, не могли остаться безучастными к призыву, прозвучавшему со страниц вашего журнала. Невелик наш вклад, но он от всей души. 30 января 1991 года нами переданы в посольство СССР в Коста-Рике для отправки в Фонд «Огонек» — АнтиСПИД» 3 тысячи одноразовых шприцев».

Фонд «Огонек» — АнтиСПИД» передал 3 тысячи одноразовых шприцев в Орехово-Зуевский роддом.

Советско-американский фонд «Культурная инициатива» передал в безвозмездное пользование Фонду «Огонек» — АнтиСПИД» персональный компьютер: PC/AT-286 MAGITRONIC GM212, VGA, 40 MB HDD FDD 5.25; монитор 14VGA EMERSON, телефакс AUDIOVOX AFX-2000; пишущую машинку CANON «Type Star 2».

Французская благотворительная организация «Врачи мира» передала для детской больницы г. Троицка: пенициллин — 250 флаконов, антибиотики — 74 флакона, одноразовые иглы — 26 500 шт., одноразовые шприцы — 5 мл — 7 650 шт., 2 мл — 6 700 шт., 1 мл — 500 шт., одноразовые иглы-бабочки — 1 200 шт., перчатки одноразовые — 300 шт., вата — 10 коробок, компрессные салфетки — 74 упаковки, молоко сухое для грудных детей — 28 коробок, печенье с витамином — 36 коробок, эндотрахиальные трубки одноразовые — 16 шт. Для созданной в Ленинграде республиканской инфекционной больницы: шприцы одноразовые — 10 000 шт., иглы одноразовые — 6 000 шт., иглы-бабочки одноразовые — 1 500 шт.

Кронид Любарский и журнал «Страна и мир» (ФРГ) — 9 тыс. одноразовых шприцев для детей больницы г. Степанакерта.

Фирма «Био-Рад» (США) и совместное предприятие БиоХимМак вносят свой вклад в Фонд «Огонек» — АнтиСПИД» в виде 300 тест-наборов для проверки на СПИД серии Novarall на основе иммуноблоттинга.

Фирма «Био-Рад» — крупнейший в мире производитель оборудования и реактивов для диагностики СПИДа, в производственной программе фирмы «Био-Рад» также система REMEDI для токсикологии, система DIAMAT для диагностики сахарного диабета, научное аналитическое оборудование (системы жидкостной хромотографии высокого и низкого давления, оборудование для всех видов электрофореза, ИК-Фурье-спектрометры, лазерные микроскопы).

Московским центром фирмы «Био-Рад» является совместное предприятие БиоХимМак, которое обеспечивает консультационный и технический сервис, а также самостоятельно производит широкий спектр оборудования (люминометры серии EMILITE, агрегометры) и расходуемых материалов для хроматографии (сорбенты, колонки, концентрирующие патроны).

Адрес: 119899, Москва, Ленинские горы, тел.: 939-24-21.

300 тест-наборов для диагностики СПИДа переданы в Центр анонимного обследования на СПИД («АнтиВИЧ»).

В предыдущих хрониках мы писали о благотворительных грузах, посланных Московским народным банком (Лондон). Эти грузы были закуплены на пожертвования следующих организаций:

«Московский народный банк», фирмы «Бичем Резерч», «Глэксомедикал», «АПВ Бэйкер», «Риджент Лабораториз», «ЛРС Оверсиз», «Тернер Кеннет Браун», «Бэрри Мартин Трэвел», «Филлипп Бразерс», «Камерон Маркби Хьюит», «Эрнст и Янг», фирма «Рэнк Ксерокс», Московский симфонический оркестр.

Господин Генри Дэйкин (Дэйкин и Компани, Сан-Франциско) — 500 долларов.

Священник Лев Михайлович Тимофеев — 500 долларов.

Герман Андреев — 100 долларов.

Зоя Грей: «Я пишу вам от имени русских женщин, проживающих в Кувейте. Мы с большим волнением следили за вашими публикациями в журнале «Огонек». Особенно мы переживали за судьбу детей, которые оказались невинными жертвами равнодушия и жестокости взрослых. В начале этого года мы провели благотворительный базар с целью сбора денег для Фонда «Огонек» — АнтиСПИД». Многие русские женщины приняли участие в проведении и подготовке этого мероприятия, среди самых активных участников можно назвать Людмилу Ульянову, Ольгу Крушеву, Валентину Ал-Кантари, Тамару Ал-Катан, Валентину Хедестром. Мы надеемся, что наш скромный вклад (всего мы собрали 440 фунтов стерлингов) поможет вашему благородному делу».

Жена бургомистра г. Берлина фрау А. Момпер — 100 немецких марок.

Сотрудники Ленинградского НИИ лесного хозяйства — 1000 рублей.

Кооператив «Купрум» — 10 тыс. рублей.

Илья Красавин: «Прошу принять мой вклад в благородное дело борьбы со СПИДом — гонорар за книгу «Королевские войска». Может, стоит литературе пойти войной на эту грозную болезнь — тогда и ей конец?..»

Пенсильванский государственный университет, студенты группы по изучению русского языка: «Наш класс был очень тронут вашей статьей в «Огоньке», где вы пишете о пациентах со СПИДом в инфекционной больнице № 2 Москвы. Особенно тронул нас рассказ о маленькой девочке Ире. Мы посылаем Ире подарки и наилучшие пожелания».

Вальтер Шеллибаум и Адриан Шнейтцер — 500 швейцарских франков.

Объединение «МММ» подарило Фонду для передачи в реанимационное отделение 2-й инфекционной больницы принтер «EPSON».

Научно-медицинский центр «Джуна» — 50 тыс. рублей.

Подведены итоги конкурса на лучший плакат о СПИДе, объявленного в № 38 журнала за 1990 год.

Второй премии удостоены работы художников Г. А. Шлыкова и В. И. Живогляда (Николаев Днепропетровской обл.);

третью премию получили О. А. Векленко (Харьков), Р. Акмаев (Донецк), А. Резаев (Москва);

В. Игнатьев из Чебоксар, москвич В. Чекашов и художница из Днепропетровска М. Агеенко стали обладателями поощрительных призов. Специальный приз получил восьмилетний участник конкурса Ярослав Пан из Ялты. Первую премию жюри под председательством В. Цветова решило не присуждать.

45 из более чем 300 работ, присланных на конкурс, были представлены на выставке «Плакат против СПИДа», которая прошла в феврале в выставочном зале Государственного Культурного центра на Петровских линиях.

Спонсором выставки стала французская фирма «РЕВЕО», производящая краски и другие профессиональные принадлежности для художников. Безвозмездную помощь в формировании призового фонда оказала внешнеторговая фирма «Совдизайн», Москва.

Фонд благодарит А. Лобанова («Дом «Москворечье» СП

«Геракл») за безвозмездное проведение в день открытия выставки небольшого аукциона. Выручка от него, а также от продажи презервативов, которую организовали наши постоянные помощники — учащиеся и педагоги техникума советской торговли, составила 5 000 рублей и полностью поступила на благотворительный счет фонда.

Благодарим Рекламно-информационный комитет Московского метрополитена, редакции газет «Советская культура», «Экран и сцена», «Вечерняя Москва», «Московский комсомолец», «Комсомольская правда», «Архитектор», «Московский художник», «Куранты», радиостанцию «Эхо Москвы», редакции телевизионных программ «120 минут», «Взгляд», «Добрый вечер, Москва!» за бесплатную рекламу конкурса и выставки; телепрограмму «До 16 и старше», посвятившую ей сюжет.

Благодарим всех, кто принял участие в нашем конкурсе, профессионалов и любителей, взрослых и детей. Присланные на конкурс работы мы назад не высылаем, но авторы могут получить их лично.

СЛОВАРЬ И ОБЪЯСНЕНИЯ К ТЕКСТУ

бездействует: ничего не делает
предотвратить новые жертвы: сделать так, чтобы не было новых жертв
болезнь сразила Олега: Олег тяжело заболел, болезнь была как страшный удар
его едва довезли: с трудом успели довезти
над которыми нависла угроза СПИДа: которым угрожает СПИД, есть опасность заболевания СПИДом

передал в безвозмездное пользование: передал бесплатно
переживали за судьбу детей: беспокоились за судьбу детей, волновала судьба детей
второй премии удостоены: вторую премию получили
стали обладателями призов: получили призы
выручка: полученные деньги

РАБОТА НАД ТЕКСТОМ

До чтения

1. Посмотрите на название рубрики. Вы догадались, о чём идёт речь?

2. Что значит слово «благотворительный»?

3. Кто создал этот фонд? Для какой цели?

4. Какую информацию можно получить, прочитав материалы этой рубрики?

5. Составьте несколько вопросов, на которые можно найти ответы на этой странице «Огонька».

Во время чтения

Первый этап

1. Просмотрите материалы рубрики и проверьте правильность ваших предположений. Вы оказались правы?

2. Какую ещё информацию вы нашли в этой публикации?

Второй этап

1. Прочитайте публикацию ещё раз и составьте список предметов, направляемых в адрес фонда. Что, кроме денег, посылают люди в помощь пострадавшим?

2. Кому принадлежит самое большое из денежных пожертвований? Назовите этого человека или организацию.

3. Кого из западны людей или организаций называют в этом списке? Выпишите их.

После чтения

1. Борьба со СПИДом стала сегодня общей проблемой. Но, наверно, в разных странах она может проявляться по-разному. Может быть, в ней есть специфические черты, присущие только Западу или только России? Например, можно поговорить о проблеме, затронутой в небольшом предисловии к публикации. «Наших детей продолжают заражать СПИДом в больницах», — утверждают авторы. Вам знакома эта ситуация? Или в вашей стране она не возникает?

2. Напишите несколько слов в ответ на публикацию в «Огоньке». Расскажите о ваших заботах, о мыслях в связи с проблемой борьбы со СПИДом на Западе или в России, или в мире вообще.

УРОКИ ИСТОРИИ

КРАТКИЙ КУРС

МАТЕРИАЛЫ К ЭНЦИКЛОПЕДИИ СОВЕТСКОГО АНЕКДОТА. ДВАДЦАТЫЕ ГОДЫ

Большевики, пишущие ответ аглицкому кёрзону.

1. — Дети, тише! Вы знаете, у меня слабая голова, а я всю дорогу в вагоне сидел против движения.

— Папочка, ты же старый человек, надо было попросить, и кто-нибудь с тобой бы поменялся.

— Они меня будут учить! Кого я мог попросить, когда был один в вагоне?

2. Российскую республику назвали РСФСР, чтобы название одинаково читали Ленин (слева направо) и Троцкий (справа налево).

3. Ленин был материалистический идеалист — жил и умер во имя идеи, но идея была материалистическая.

4. — Знаете, жена нашего начальника призналась мужу во всех своих изменах.

— Что вы говорите? Наверное, записывала. Запомнить это невозможно.

5. В «Правде» нет известий, а в «Известиях» нет правды.

6. МУЖ: Милочка, ну где я тебе возьму пятьдесят рублей на тряпки?

ЖЕНА: Ты только дай, а уж возьму я сама.

7. Любимый анекдот Сергея Есенина.

— Скажите, сколько на ваших часах?
— Не знаю.
— Что, стоят?
— Нет, идут.
— Так почему же...
— Дома остались. Неудобно, знаете ли, носить с собой — гири, маятник.

8. На Красной площади.
— Для чего эта стена, папа?
— Чтобы разбойники не перелезли.
— Оттуда, папа?

9. Пришел мужик в город. Стоит у газеты, читает.
— Ох, жмут... ох, и жмут же...
Подходит человек в штатском, показывает красную книжечку.
— Что вы, собственно, хотели этим сказать? Кто на вас жмет?
— Да знаете, э-э-э... ботинки жмут, невозможно ходить.
— Но вы же босой.
— Потому и босой, что жмут. Нет сил терпеть, сбросил.

10. Нэпман умирает.
— Жена тут?
— Да.
— А мой старший сын? А его жена? А мой средний? А дядя? А племянник?
— Не волнуйся. Все тут.
— А младший?
— Тут, тут.

Садится на постели. Громко кричит:
— Так кто же остался в лавке?

11. Старик умирает. Говорит жене:
— Кованый сундук отдашь сыну.
— Лучше дочери.
— Я хочу сыну.
— Дочери.
— Кто из нас умирает, ты или я?

12. — Соня, ты знаешь, кто такой Маркс?
— Нет.
— Вот если бы ты ходила со мной на марксистский кружок по средам и пятницам, то ты бы знала.
— А ты знаешь Файнберга?
— Нет.
— Вот если бы ты не ходил на свой марксисткий кружок, то ты бы знал, кто бывает у твоей жены по средам и пятницам.

13. — Чего вы испугались? Разве вы не знаете, что если собака лает, то она никогда не кусает?
— Я-то знаю. А вот знает ли собака?

14. СЛУШАЛИ: О возвращении в СССР Максима Горького.
ПОСТАНОВИЛИ: Считать первую пятилетку максимально горькой.

15. — Чем занимались до семнадцатого года?
— Сидел и дожидался.
— А после семнадцатого?
— Дождался и сел.

16. Эмигрант:
— У меня с большевиками только одно принципиальное расхождение — по земельному вопросу. Они хотели, чтобы я лежал в русской земле. А я хочу, чтобы они по ней не ходили.

17. Зоопарк. За решеткой зебра.
Человек вздыхает:
— Господи! До чего большевики лошадь исполосовали!

18. У биржи труда.
— Ну что, ты нашел работу?
— Нет, так и не нашел. А ты?
— Я нашел.
— Доволен?
— Да понимаешь, платят за нее не так много, но зато она вечная. Разжигать пожар мировой революции.

19. Философ-славянофил, которого большевики высылают на Запад, говорит:
— Конечно, больно покидать Русь. Но чем лежать в родной святой земле с пулей в затылке, лучше уж топтать окаянные парижские бульвары.

СЛОВАРЬ И ОБЪЯСНЕНИЯ К ТЕКСТУ

Краткий курс: иронически используется название книги И. Сталина *«Краткий курс истории ВКП(б)»*
разжигать пожар мировой революции: слова из известного коммунистического лозунга
окаянные парижские бульвары (иронич.): намёк на критику Запада в официальной пропаганде
принципиальное расхождение: приципиально разные взгляды
по земельному вопросу — земельный вопрос: проблема собственности на землю
исполосовать (от слова полоса): сильно избить

РАБОТА НАД ТЕКСТОМ

До чтения

«Анекдот — уникальный жанр народного творчества. Изучая его, мы бы обнаружили, что это самый массовый и самый демократичный вид творчества, что в нём заложены удивительные возможности фантазии и юмора, что логическая и филологическая изощрённость его не имеет предела, мы бы увидели, что он формирует наше сознание, очищая его от всего наносного, от всевозможных мифологических шлаков и идеологизированных штампов».

Классифицировать анекдоты трудно. Очень приблизительно их можно разделить на две большие группы: политические анекдоты и анекдоты, высмеивающие человеческие слабости или пороки.

1. Просмотрите подборку анекдотов и определите, какие из них относятся к первой категории (политической), а какие ко второй. Может быть есть анекдоты, которые относятся и к первой и ко второй сразу? Какие?

Во время чтения

Первый этап

1. Среди анекдотов, высмеивающих человеческие слабости, можно найти анекдоты на тему:
   — глупости
   — упрямства
   — супружеской неверности.

2. Распределите анекдоты по этим трём категориям. Что у вас получилось? Есть анекдоты, которые никуда не попали? Может быть, нужны другие категории? Какие?

Второй этап

Найдите эквиваленты на своём родном языке для следующих выражений и сочетаний:
— сидеть против движения
— разжигать пожар мировой революции
— высказывать вслух
— признаться в измене
— заниматься своим делом
— исполосовать.

После чтения

Анекдоты, представленные в этой подборке, были собраны в 20-е годы, но многие из них продолжают оставаться актуальными и воспринимаются как современные. Несмотря на специфику этих анекдотов, некоторые из них носят универсальный характер и вполне доступны для человека не русской, не советской культуры.

1. Какие из них показались вам наиболее
   — современными,
   — понятными,
   — смешными?

2. Может быть, некоторые из них вы уже слышали или читали, но на своём родном языке? Какие?

3. Выберите один или два самых смешных или интересных и расскажите их своим знакомым или друзьям, которые говорят по-русски.

ВОЗРОДИСЬ ВО МНЕ БОГ

ДЕСЯТЬ ДНЕЙ В ДУХОВНОЙ СЕМИНАРИИ АДВЕНТИСТОВ

ЧЕРНЫЕ ДНИ МИНОВАЛИ

«Я радуюсь» — похоже, излюбленная фраза председателя Всесоюзного совета Церкви Адвентистов Седьмого Дня (АСД) Михаила Петровича Кулакова. «Я радуюсь», — часто повторяет он в проповедях, в беседах на мирские темы. И это не риторическая фраза. Поводов для радости у него действительно немало.

С 1928 года советские христиане-адвентисты ходатайствовали об открытии собственного учебного заведения. И лишь недавно благодаря перестройке получили такую возможность. В марте 1987 года на месте развалин старого здания в поселке Заокский Тульской области началось сооружение административно-духовного Центра Церкви АСД. Это была поистине историческая всенародная стройка: в ней приняли участие почти две тысячи добровольцев — адвентисты со всех концов страны.

Одновременно со строительством были открыты заочные библейские курсы. А в сентябре 1989 года 24 молодых человека поступили на очное отделение, чтобы получить высшее богословское образование.

Издательский отдел Центра имеет возможность выпускать газету «Слово примирения» и совместно с единоверцами из Финляндии — красочный журнал «Знамения нового времени», а также «Взаимопонимание» — вместе с собратьями из США. Строится типография, рассчитанная на выпуск миллиона Библий в год.

Доктор Джейкоб Миттлайдер, адвентист из Америки, основал и ведет вместе с ассистентами курсы на сельскохозяйственном отделении семинарии.

В середине тридцатых годов Церковь АСД ликвидировали. Исповедуемые адвентистами ценности: неповторимость каждой человеческой личности, братолюбие, веротерпимость, непротивление злу насилием — были чужды тоталитарному режиму. По словам А. И. Солженицына, власть боится не тех, кто против нее, и не тех, кто с нею, она боится тех, кто выше ее.

Библия попала в разряд запрещенных книг, и требовалось бесстрашие, чтобы не только самому читать ее, но и проповедовать. Отец Михаила Петровича, пастор, был среди тех, кто организовал подпольные библейские курсы.

«Вредную религиозную секту» раскрыли, ее участников примерно наказали. Почти все служители Церкви и около трех тысяч верующих, включая семью Кулаковых, были репрессированы. Двадцатилетний Михаил испил свою чашу страданий — получил пять лет лагерей. И лишь смерть Сталина подарила ему свободу.

У Михаила Петровича с Анной Ивановной шестеро любимых детей, и все они могут теперь спокойно жить на свете и трудиться для Церкви.

Две старшие дочери — Мария и Евангелина — замужем за пасторами. Младшая — Лена — учится на филфаке и работает в канцелярии Центра.

Старший сын — Павел, проповедник московской адвентистской церкви, — возглавляет Международный отдел церкви АСД в СССР и занимается созданием медицинской миссии в Москве. В столице адвентисты с помощью зарубежных собратьев открывают свою клинику, оснащенную самой современной техникой, а также строят фабрику детского питания. Во Владимирской области адвентисты получили 50 гектаров земли для создания санатория, где смогут лечиться люди, страдающие от последствий нездорового образа жизни. Программа оздоровления разработана американскими адвентистами в институте «Идем Вали» (Эдемские долины) и осуществлена в пятидесяти санаториях, построенных в разных странах. Финансируют строительство санатория во Владимирской области американские адвентисты.

Младший из братьев Кулаковых — двадцатишестилетний Петр — журналист. При его участии готовятся адвентистские издания в СССР и передачи международного адвентистского радиовещания.

Средний брат — тридцатилетний пастор Михаил — редактор Заокской семинарии, ведет богословские дисциплины, а также курс искусства общения. Образование получил в английском духовном колледже, являющемся филиалом знаменитого Университета Эндрюса (США).

В основе учебной программы Заокской семинарии — разработки этого университета. Поэтому советским семинаристам, возможно, вручат, кроме отечественного, американский диплом, свидетельствующий о том, что они выпускники Университета Эндрюса.

СЛОВАРЬ И ОБЪЯСНЕНИЯ К ТЕКСТУ

чёрные дни миновали: чёрные дни прошли

похоже: кажется

излюбленная фраза: часто повторяемая фраза

началось сооружение: началось строительство

поистине: действительно

исповедуемые адвентистами ценности: ценности, на которых основана религия адвентистов

попала в разряд: вошла в число

испил свою чашу страданий: слова из Евангелия, означающие получил свою долю страданий

на филфаке: на филологическом факультете

вручат: дадут

РАБОТА НАД ТЕКСТОМ

До чтения

1. Прочитайте заголовок текста и постарайтесь угадать, о чём он.

2. Сравните с подзаголовком. Запишите, что, как вам кажется, можно узнать из этой статьи.

Во время чтения

Первый этап

1. Прочитайте первый абзац.

2. Сравните с вашими предположениями. Ваша догадка была верна? Чего еще вы ждёте от этого текста? Напишите 3—4 вопроса, на которые можно будет найти ответы в тексте. Как вы думаете, какие поводы для радости могут быть у этих адвентистов?

Второй этап

1. Прочитайте текст до конца. Что значит АСД? Расшифруйте это сокращение.

2. Выпишите главные даты из истории советских адвентистов.

3. Какой период в этой истории был самым тяжёлым?

4. Сколько адвентистов пострадало в этот период? За что?

5. С какими странами и организациями сотрудничает церковь АСД? Назовите их. Выпишите примеры этого сотрудничества.

6. Что исповедуют АСД? Найдите соответствующее место в тексте и выпишите его.

7. Найдите в тексте эквиваленты следующих сочетаний:
   — любимая фраза
   — просим об открытии
   — началось строительство
   — церковь уничтожили
   — оказалась в категории (списке).

Эти слова помогут вам пересказать основные события в статье. Может быть, их недостаточно? Какие ещё слова могут быть вам полезны?

После чтения

1. Вы прочитали об одном из примеров сотрудничества между Россией и Америкой. Какие другие примеры вы знаете? Может быть, у вас есть собственный опыт в этой области?

2. Что вы думаете о контактах между двумя странами? Какие из них кажутся вам наиболее продуктивыми? Какие нет? Почему?

3. В статье приводятся слова А. И. Солженицына о том, что власть боится не тех, кто с нею, и не тех, кто против неё, а тех, кто выше. Так ли это? И всегда ли это так? Может быть, вы можете привести примеры из истории в подтверждение или опровержение этих слов?

■ СВИДЕТЕЛЬСКИЕ ПОКАЗАНИЯ

ПЛАЧ ПО ЦЕНЗУРЕ

ЧЕРТОВЩИНА

Я начал печатать стихи в 1949 году в газете «Советский спорт» и никакой опасности для цензуры тогда не представлял. Мое первое опубликованное стихотворение, «Два спорта», представляло собой «разоблачение» нравов буржуазных спортсменов. «Здоровье допингом вынувши, спортсмену приходится там тело свое до финиша тащить в угоду дельцам». Я был вполне лояльным советским пионером, несмотря на то, что оба мои дедушки были арестованы еще до войны, и с воодушевлением пел в школьном хоре: «Сталин — наша слава боевая, Сталин — наша гордость и полет. С песнями, борясь и побеждая, наш народ за Сталиным идет». Однако сейчас, перелистывая мои тогдашние тетрадочки в косую линейку или в клеточку, как ни странно, я нахожу в своих детских допечатных стихах имена Магеллана, Уленшпигеля, Киплинга, Маяковского, но не Сталина.

Имя Сталина стало возникать в моих стихах как редакционное условие напечатания. 17 июля 1949 года, во Всесоюзный день физкультурника, я раскрыл газету «Советский спорт» и увидел, что в мое праздничное стихотворение чьей-то рукой вписана не принадлежавшая мне строфа: «Открыты пред нами грядущие дали, и в светлый простор голубой вождь и учитель великий Сталин нас ведет за собой!» Я с возмущением ринулся в редакцию, размахивая газетой. Однако «открывший» меня мой редакционный покровитель — журналист и поэт Николай Тарасов ласково объяснил мне, что редактор хотел снять стихи, потому что там не было упоминания товарища Сталина, а по неписаным законам праздничных номеров газет так не полагалось.

Тогда он, Тарасов, и сочинил за меня четверостишие, чтобы я себе «не портил руку». В 1950 году литконсультант газеты «Труд» поэт Лев Озеров вписал в мое стихотворение, напечатанное в подборке «Творчество трудящихся», следующие строки: «Знаем, верим — будет сделано, зданье коммуны будет поставлено, то, что строилось нашим Лениным, то, что строится нашим Сталиным». Я этих поэтов ни в чем не обвиняю. Время тогда было паскудное. Увидев совсем наивного, но не без способностей вихрастого верзилу, похожего на зелененькую стрелку лука, проткнувшую кучу навоза, более старшие поэты, никакие не сталинисты, этими вписанными строчками о Сталине хотели помочь мне пробиться, выжить во время опасно затянувшейся агонии сталинского режима.

Было три типа цензуры — цензура непечатанием, цензура вычеркиванием и цензура вписыванием. Иногда вписывали руками авторов, а иногда и собственными. Редактура была предбанником цензуры.

Воспитание детей, сводившееся к идеологическому пичканью, было первой цензурой, начинавшейся уже с яслей. Цензура была не только государственным учреждением, а государственным воздухом. Наше поколение не испытало блаженного неведения — что можно, а что нельзя. После смерти Сталина многие гигантские железобетонные «нельзя» начали разрушаться, а крошечное «можно» или неожиданно раздувалось, как воздушный шар с ненадёжно тонкими стенками, или лопалось от первого прокола и съёживалось. В некоторых руководящих и неруководящих головах образовалась путаница, несуразица, чертовщина.

ТРИДЦАТЬ ПРОЦЕНТОВ ПРОТИВ СОВЕТСКОЙ ВЛАСТИ?

Многие годы мне довелось общаться с одним редактором — профессиональным разоблачителем империалистической идеологии, который сам был когда-то похож на акулу империализма, а теперь на черепаху Тортилу. Он был настолько карикатурно несимпатичен, что его охотно приглашали для лекций и телевизионных интервью западные реакционеры. Однажды, попыхивая сигарой мне в лицо, он цинически соизволил пошутить: «Наши отношения мы можем строить на следующей основе: я вам буду позволять тридцать процентов против советской власти, но с условием, что остальные семьдесят будут — "за". Я обомлел, ибо мне в голову тогда не приходило, что я могу написать хоть строку против советской власти. Но он-то, исходя из своей психологии политического прожжённого спекулянта, был уверен, что для меня «очищение идеалов» не что иное, как театрализованная спекуляция.

Профессиональные охранники идеалов — тех самых идеалов, которые я столь возвышенно собирался «очищать», постепенно выбивали из меня веру в сами эти идеалы. Из стихотворения «Монолог попа, ставшего боцманом на Лене» после первой скандальной публикации в «Неделе» в 1967 году цензура не зря долгие годы при последующих перепечатках выбрасывала строфу:

О, лишь от сраха монолитны
они, прогнившие давно.
Меняются митрополиты,
но вечно среднее звено.

Но цензура всё-таки проглядела другое четверостишие, пожалуй, ещё более существенное для внутренней перемены во мне:

И понял я — ложь исходила
не от ошибок испокон,
а от хоругвей, из кадила,
из глубины самих икон.

Я благодарен цензуре за то, что постоянным палаческим вниманием красного карандаша она ориентировала меня на самое важное, самое болевое. Я благодарен цензуре за то, что она постепенно излечивала меня от политических иллюзий, которыми я имел несчастье по преступной щедрости делиться с читателями.

СЛОВАРЬ И ОБЪЯСНЕНИЯ К ТЕКСТУ

мне довелось общаться: мне случалось общаться
профессиональным разоблачителем: профессиональный разоблачитель — критик, специализирующийся на обвинениях в антисоветской деятельности, в буржуазной пропаганде и т. п.
попыхивал сигарой мне в лицо: выпускал дым сигары мне в лицо
соизволил пошутить: снисходительно пошутил
обомлел: *здесь*: был потрясён
хоть строку: хоть строчку

прожжённый спекулянт: спекулянт в высшей степени
не что иное, как театрализованная спекуляция: только театрализованная спекуляция
столь: так
не зря: не напрасно
проглядела: не заметила
существенное: важное
испокон: издавна, с давнего времени
***от хоругвей, от кадила* — хоругви, кадило:** предметы церковного богослужения

РАБОТА НАД ТЕКСТОМ

До чтения

1. «В последнее время чего-то мне недостаёт. Тоскую. Стыдно признаться по кому — по цензуре», — такими словами начинается статья известного советского поэта Евгения Евтушенко. Что вы знаете об этом поэте?

2. Что вам известно о цензуре в СССР?

3. Какое противоречие, скрытое или явное, можно обнаружить в этой цитате?

4. Чего можно ждать от статьи с таким началом?

Во время чтения

Первый этап

1. Прочитайте отрывок из этой статьи и проверьте правильность ваших предположений и догадок.

Второй этап

1. Найдите в тексте описание разных типов цензуры и подберите к ним эквиваленты на своём родном языке. Что у вас получилось?

2. Как определяет автор связь в работе редактора и цензора?

3. Какие важные даты из своей творческой биографии приводит автор? Найдите их и объясните их значение.

4. Замените подчёркнутые слова подходящими словами из текста:
   — Время тогда было <u>отвратительное</u>.
   — Я этих поэтов <u>не осуждаю</u>.
   — Воспитание детей, сводившееся к идеологической <u>кормёжке</u>.
   — Так не <u>разрешалось</u>.
   — Редактура <u>предшествовала</u> цензуре.
   — День <u>спортсмена</u>.

После чтения

1. «Путаница, несуразица, чертовщина» — такими словами автор описывает определённый период в истории советского общества. Как можно передать смысл этих слов на вашем родном языке? О каком периоде идёт речь? Что ещё вы можете сказать об этом времени?

2. Вы нашли в тексте ответы, которые искали в нём? Удалось вам ответить на первый вопрос? Может быть, вам в этом поможет другой отрывок из той же статьи, озаглавленный «Тридцать процентов против Советской власти?». Как вы думаете, о каких 30 процентах идёт речь?

3. Как вы объясняете вопросительный знак в заголовке?

4. Вы, наверно, уже знаете, что
   — акула империализма — клише, которым раньше часто пользовались в советской прессе в разговоре о Западе;
   — черепаха Тортила — очень старая черепаха из детской сказки «Буратино» о деревянном мальчике с длинным носом. Помните как этого мальчика зовут на Западе?

5. Просмотрите текст и найдите в нём ответ на вопрос о процентах.
   30% _____
   70% _____

6. Кто автор этой формулы?

7. О каких идеалах идет здесь речь? Почему и от чего собирался очищать эти идеалы автор?

8. Замените подчеркнутые слова подходящими словами из текста:
   — цензура всё-таки <u>не заметила</u> другое четверостишие
   — <u>беспощадным</u> вниманием красного карандаша
   — <u>непростительная</u> щедрость
   — <u>освобождали</u> меня <u>от</u> веры в эти идеалы
   — <u>безнадёжный</u> спекулянт.

9. Вы обратили внимание, как работает цензор? Чем он делает пометки в тексте?

10. Постарайтесь описать положительную роль цензуры в жизни автора. Сравните её с отрицательной ролью, которую цензура играла десятки лет.

11. Что вы теперь думаете о заголовке статьи?

12. Вы можете предложить свой вариант заголовка?

■ ПРОШУ СЛОВА

УРОКИ ЧУЖОЙ БЕДЫ

Читаем в «Лос-Анджелес таймс»: «...Сбито два иракских самолета советского производства «СУ-25» и еще два «МиГа-21»...», «Американские военные пехотинцы, ожидающие отправки в Ирак на военно-морской базе Окинава, изучают захваченные в Ираке советские автоматы «АК-47». Им предстоит сдать экзамен по умению разбирать советское оружие с завязанными глазами...»

И эти газетные сообщения — среди тысяч и тысяч других — остались уже в прошлом, в той короткой войне, от которой до большой, мировой, было рукой подать.

Они остались, еще и еще раз напоминая нам — стране, не принимавшей участия в войне, — что и мы оставили в ней свой след.

Да, конечно, оружие — это товар, который не разбирает границ, но все-таки, все-таки... Догадываясь, что СССР является одним из крупнейших (а может быть и крупнейшим — кто это скажет?!) экспортеров оружия, мы все-таки имеем право знать: когда? куда? какое? зачем? Кто-нибудь контролировал — и контролирует ли? — дороги наших МиГов и АК?.. Почему мы передавали это оружие в руки тех, кто может завтра взорвать цивилизацию?..

— Не имея баллистических ракет СКАД советского производства и всей массы оружия со всего мира, Ирак никогда бы не решился воевать с Объединенными силами! — утверждает Глория Даффи, президент Института «Глобэл Аутлук», специализирующегося на изучении вопросов международной безопасности. — Этим-то только что закончившаяся война на Ближнем Востоке отличается от тех, что проходили там в 1967 и 1973 годах.

— Кто-нибудь еще поставлял Ираку баллистические ракеты? — спрашиваем мы Глорию.

— Нет, только Советский Союз... Ираку было поставлено 500 ракет СКАД модификации «Б» и от 40 до 60 пусковых установок. Ирак переделывал ракеты в два разных типа: один с дальностью полета 360 миль (их использовали и в Иране), а другие — 900-километровые. Правда, Хусейн утверждал, что эти ракеты «иракские» и «Советский Союз здесь ни при чем».

Это — о ракетах. А вот что мы узнали здесь, в США, о других наших сделках с Хусейном. По данным Американского агентства по контролю над вооружениями, Ирак располагал к началу войны 600 боевыми самолетами нападения. Самолеты советского производства составляли 87 процентов от всего военно-воздушного флота Ирака: только с 1983 по 1987 год Хусейн заплатил СССР за оружие 13,9 миллиарда долларов.

Да, не мы одни продавали оружие Ираку. Но и мы — тоже... И потому тоже несем ответственность и за агрессию против беззащитного Кувейта, и за то, что мир стоял на пороге еще большей войны.

Конечно, мы можем утешать себя тем, что оружие, которое поставлял СССР, оказалось, мягко говоря, слабее: ракеты, проданные нами, не долетали до целей, а самолеты проигрывали в схватках с самолетами западного производства. Возможно, в этом и заключалась наша военная, вернее, политическая хитрость. Возможно же, наш мощный военно-промышленный комплекс, без стеснения захватывающий у налогоплательщика миллиарды и миллиарды, на самом-то деле втирал всем очки, производя товар «второй свежести». Возможно! Пусть сам ВПК и извлекает для себя из этого урок. Нам не хочется становиться патриотами советского оружия (лучше уж быть патриотами по мясу и башмакам).

Другой урок нам кажется куда более существенным.

— Убеждена, — говорит Глория Даффи, — что мир должен прекратить бесконечные игры с оружием. И это, естественно, касается не только СССР, но и США: загипнотизированные историей с заложниками, американцы помогали Ираку в войне с Ираном, толком не зная, что собой представляет Саддам Хусейн и его режим. Политические пристрастия могут меняться, но оружие всегда остается в руках тех, кому раньше его продавали из-за «нерушимой дружбы», не думая о том, что эта дружба может завтра перерасти в кровавую вражду...

Сейчас, наверное, мы должны были бы сказать о том, сколько и как зарабатывали и продолжают зарабатывать на оружии его торговцы из США, Франции, ФРГ, других государств, богатых в том числе и оружием. Но пусть пишут об этом журналисты из США, Франции, ФРГ... Самое печальное в нашем веке — принцип коллективной ответственности, за которой теряется личная ответственность что человека, что государства.

Поэтому-то мы позволили себе обратить ваше внимание на еще один урок войны, проходившей так далеко от нашей страны, которая мучается заботами, далекими от Персидского залива.

Вспомним свою «нерушимую дружбу» с теми режимами, на истинную антинародную сущность которых мы закрывали глаза лишь из-за того, что они «строили социализм» да поддерживали наши собственные кровавые походы.

Вспомним сейчас, когда только что утихла буря в аравийских песках.

Это и наше ружье выстрелило! Пусть даже оно оказалось и ржавым...

СЛОВАРЬ И ОБЪЯСНЕНИЯ К ТЕКСТУ

было рукой подать: было совсем близко
ни при чём: не имеет к этому отношения
стоял на пороге: был очень близок
втирал очки: создавал видимость, что всё в порядке
товар «второй свежести»: подпорченный товар. Выражение вошло в язык после публикации «Мастера и Маргариты» Булгакова, потому пишется в кавычках. Это оксюморон: свежесть может быть только одна — первая.
ВПК военно-промышленный комплекс
по мясу и башмакам — **башмаки:** ботинки, обувь
куда более: намного более
толком не зная: не вполне зная
закрывали глаза на: не хотели замечать

РАБОТА НАД ТЕКСТОМ

До чтения Прочитайте первый абзац статьи и скажите, о чём она. Назовите тему, события, время, о котором пойдёт речь в публикации. Можно предположить, какая точка зрения на эти события будет представлена в статье?

Во время чтения ## Первый этап

1. Просмотрите статью и перечислите, что поставлял Ираку СССР.

2. Какого качества была эта продукция? Выпишите статистические данные, которые характеризуют торговые отношения между Ираком и СССР.

3. Прочитайте статью внимательно и ответьте, с какими двумя войнами сравнивают авторы последний кризис в Персидском заливе. Чем они отличаются от последней войны или кризиса?

4. Чем объясняют авторы статьи сотрудничество или дружбу между Ираком и СССР?

Второй этап

1. «Нам не хочется становиться патриотами советского оружия (лучше уж быть патриотами по мясу и башмакам)», — утверждают авторы статьи. Как объяснить это утверждение? Перефразируйте его так, чтобы было понятно.

2. В статье упоминаются американские заложники. В какой связи? Объясните, почему?

3. Иногда по определению можно сразу понять, о чём идёт речь. Посмотрите на эти определения. Вы можете догадаться, с какими словами они употребляются в статье. Выпишите эти слова. Если не помните, найдите их в тексте:
   — нерушимая
   — беззащитный
   — кровавая
   — мощный.

4. Выпишите лексику по теме военного конфликта. Пользуясь этой лексикой, расскажите или напишите о другом военном конфликте, который, может быть, произошёл в другом регионе или между другими странами.

После чтения

1. Заголовок статьи «Уроки чужой беды» содержит в себе мораль рассказа. Но по этому названию трудно или даже невозможно догадаться о его содержании. Может быть, вы предложите свой вариант, более понятный. Объясните свой выбор.

2. Авторы говорят не об одном, а о двух уроках, которые вынес для себя Советский Союз из персидского кризиса. Какие уроки вынесли для себя из этого кризиса западные страны? Как вы думаете? Может быть, вы можете написать об этом ответную публикацию для «Огонька»?

ПЕЧАЛЬНЫЙ АИСТ

Это — зона. Безлюдье, запустение, обреченность. Над зоной нарезает круги черный аист — редкостная птица из Красной книги, зловещий символ убитой земли. В двух верстах от атомного саркофага — плывущий в никуда белый айсберг — 50-тысячный город Припять. Мой мертвый город.

Общий ущерб от катастрофы составляет, по нашим данным, примерно 170—215 миллиардов рублей. В том числе:

от потери земли — минимум 57,5, максимум 94 млрд. рублей;

прямые расходы на ликвидацию последствий аварии — 35—45 млрд. рублей;

потери от сокращения подачи электроэнергии и изменения экономических показателей ее производства на действующих АЭС — 66,85 млрд. рублей;

дополнительные затраты на обеспечение безопасности действующих атомных блоков — 5 млрд. рублей;

А чем измерить ущерб, причиненный здоровью пяти миллионов людей из трех славянских республик?

Вопросы, вопросы. Сколько их ни задавай, возвращаешься к двум главным: Кто виноват? Что делать?

Над вопросом «Кто виноват?» бьются сейчас депутатские комиссии парламентов Украины и Союза.

В поисках ответа на второй вопрос необходимо сказать, что основной болью постчернобыльского бытия на Украине, в Белоруссии и России являются последствия катастрофы для здоровья пострадавших. Только на Украине под воздействием повышенной радиации проживают более 1,8 млн. человек, в том числе 380 тыс. детей.

В 1990 году образованы Союзный и республиканские комитеты по ликвидации последствий аварии на Чернобыльской АЭС. На 1990—1992 годы из союзного бюджета выделено на реализацию первоочередных мер по защите населения:

Украине — 3,6 млрд. рублей,
Белоруссии — 5,8 млрд. рублей,
России — 2,9 млрд. рублей.

Эти средства будут израсходованы в основном на переселение людей с загрязненных территорий, для строительства жилья, других бытовых объектов.

На Украине и в Белоруссии, отвергнув установленную АМН СССР «норму» в 35 бэр дополнительного облучения, приняли свою, в соответствии с которой человек не должен «взять» за свою жизнь сверх фона более 7 бэр. На современном уровне знаний это гарантия отсутствия последствий у ныне сущих и грядущих поколений. Думаю, что тем же путем пойдет и Россия.

Установление порога в 35 бэр — акт, имеющий весьма отдаленное отношение и к медицине, и к гуманизму вообще, это скорее экономический и политический акт, получивший благословение нашей медицинской академии. Ведь даже профессионал-атомщик за 10 лет работы на АЭС редко получает облучение более 12—15 бэр.

Именно учитывая допустимый предел в 7 бэр, сейчас принимаются законы республик о защите пострадавших, призванные дать социальные гарантии ликвидаторам, эвакуированным, живущим в «запределе» детям Чернобыля. Принят союзный закон, в котором льгот и компенсаций предусмотрено поменьше...

В принятых законах приоритет отдается решению медицинской проблемы. Это единственно верное решение может так и остаться благим пожеланием, если не оснастить лечебную базу необходимой аппаратурой и оборудованием. А его-то как раз и не хватает.

А надо, не изобретая в очередной раз наш, отдельно взятый велосипед, пойти по пути, уже проторенному японцами после августа 1945 года. Они создали систему, включающую 3 уровня. Первый состоит из лабораторий массового обследования, второй — из базовых диагностических лабораторий и третий — это исследовательские клинико-диагностические центры. Одна такая цепочка стоит 325 тысяч долларов. Вся сеть лабораторий в пострадавших городах обошлась Японии в 36 миллионов долларов.

Специалисты подсчитали, что для Украины, России и Белоруссии необходимо на такие системы 100—150 миллионов долларов — с учетом огромных территорий и количества пострадавших.

Медики вздохнут пессимистически: где же их взять, такие деньги, да еще в долларах? Тогда разрешите несколько вопросов Президенту: а сколько нам должны иракские, кубинские, афганские и прочие братья по идее? Сколько этих самых долларов идет на несокрушимый и легендарный ВПК? Неужели 5 миллионов людей, пострадавших по вине государства, так и останутся брошенными в беде?

Все мы помним счет № 904, на который в 1986 году было собрано более полумиллиарда рублей от тех, кто сохранил еще в своих душах милосердие. Нам памятен и марафон, проведенный 26 апреля 1990 года, который принес 93 031 788 советских и 586 604 инвалютных рубля.

Сегодня из этих денег 17 миллионов рублей обычных и 36 413 инвалютных израсходовано на лечение и отдых пострадавших, поставку чистых продуктов питания, оказание индивидуальной помощи. 358 семей погибших и умерших участников ликвидации последствий аварии получили материальную помощь, оказана также помощь инвалидам и остронуждающимся, проживающим в загрязненных районах Украины, Белоруссии, России.

На эти же цели передано 2 миллиона рублей Союзу «Чернобыль».

Для распределения средств марафона создан Совет попечителей, куда вошли Советский Фонд мира, Красный Крест, Союз «Чернобыль», Фонд социальных изобретений, Союз предпринимателей и арендаторов. Эти попечители, я уверен, распорядятся полученными средствами наилучшим образом.

Что же касается счета № 904, то на нем сейчас около 10 миллионов рублей. Никакого попечительского органа там не было, деньгами распоряжалось государство. Теперь концов не найдешь. Знаю только, что 67 миллионов рублей с этого счета забрало Минатомэнерго и израсходовало на... дезактивацию. Интересно, насколько «чище» стало в том месте и где это место?

...Кружит черный аист над украинским и белорусским полесьем, над пятью областями России — над десятью миллионами квадратных километров зараженной земли. Каких аистят принесет этот печальный аист нашим народам?

СЛОВАРЬ И ОБЪЯСНЕНИЯ К ТЕКСТУ

нарезает круги: *здесь*: летает чёткими кругами
зловещий символ: символ несчастья
в двух верстах от: примерно в двух километрах от
общий ущерб: общие материальные потери
над вопросами... бьются: пытаются найти ответ на вопросы
отвергнув... «норму»: отказавшись от нормы
у ныне сущих и грядущих: у живущих сегодня и будущих
установление порога: установление низшей (наименьшей) границы
акт: действие, поступок
получивший благословение: одобренный, разрешённый
законы, призванные дать социальные гарантии: законы..., которые должны дать социальные гарантии
в «запределе»: за границей допустимой нормы
может остаться благим пожеланием: может остаться хорошим, но нереальным пожеланием
не изобретая велосипед: не изобретая то, что давно уже изобретено
наш, отдельно взятый *(иронич.)*: слова из лозунга: «Построить социализм в отдельно взятой стране»
концов не найдёшь: невозможно разобраться; *здесь*: невозможно выяснить, где эти деньги

РАБОТА НАД ТЕКСТОМ

До чтения

Заголовок этой статьи «Печальный аист» вызывает грустные ассоциации.

1. Посмотрите на несколько слов, выписанных из первого абзаца. Подумайте, о чём они говорят. Какие события из недавнего прошлого могут быть предметом такого описания?
   — зловещий
   — убитый
   — атомный
   — мёртвый
   — чёрный.

2. Прочитайте первый абзац. Ваша догадка оказалась верна? Вы, наверно, не знаете город Припять, но вы догадались, где он находится?

Во время чтения Первый этап

1. Просмотрите статью до конца. Назовите три республики, пострадавшие от катастрофы.

2. Сколько людей проживает в зоне повышенной радиации?

3. Какие вопросы, связанные с последствиями катастрофы, автор называет главными?

Второй этап

1. Прочитайте текст внимательно, и вы заметите, что катастрофа Чернобыля привела не только к трагическим последствиям. Что-то изменилось к лучшему. Что?

2. Решение какой проблемы кажется автору самым главным? У кого он предлагает учиться? Сколько на это нужно денег? Где можно найти финансовые ресурсы?

3. Кого называет автор «братьями по идее»? В этих словах чувствуется:
   — гордость
   — симпатия
   — уважение
   — ирония.

4. Найдите в тексте примеры употребления аббревиатур следующих названий:
   — Атомная электростанция
   — Академия медицинских наук
   — Военно-промышленный комплекс
   — Министерство атомной энергии.

5. Проанализируйте следующие сложно-составные слова из текста. Покажите, из каких элементов складывается их смысл. Подберите эквиваленты:
   — остронуждающиеся (люди)
   — инвалютные (рубли)
   — пятидесятитысячный (город)
   — постчернобыльское (бытие).

6. Выпишите из текста все новые слова, относящиеся к теме экологической катастрофы. Сравните со списком ваших однокурсников. Переведите их на свой родной язык. Может быть, вам не хватает слов для рассказа о событиях в Чернобыле? Найдите их в словаре.

7. А теперь представьте, что вы журналист, поехавший вместо автора статьи в город Припять. Как бы вы написали об этом?

После чтения

Чёрный аист, с которого начинается и которым кончается эта статья, — встречается редко. Поэтому он занесён в Красную книгу. Может быть, поэтому автор выбрал такой заголовок, как вы думаете? Или возможно другое объяснение?

■ ЖИТЬЕ

БЕЗРАБОТИЦА: В КРУГЕ ПЕРВОМ

— А вы куда, извольте в хвостик! — остановил меня странного вида товарищ, в рваном плаще, с раной на лбу и авоськой в руке. Он живописно выделялся на фоне этой очереди, пожалуй, самой интеллигентной из всех виденных мною со времен массовых стояний у Музея на Волхонке.

В этой конторе я не была ровно год. Тот же захламленный подъезд жилого дома — то ли в бесконечном ремонте, то ли в перманентном разрушении. Те же комнатушки с обшарпанными столами и уставшим компьютером, который тогда обнадежил меня местом машинистки в Зоологическом музее. Правда, обои веселеньких расцветок уже клеят по комнатам. Правда, поменялось начальство — во главе теперь солидный мужчина из бывшего Госкомтруда СССР.

Но главная новость была в другом. Главная новость сидела на стульях, стояла плечом к плечу, потому что не разойтись в узком коридоре. Главная новость была — очередь. Очередь на биржу труда. В одном из многих московских отделений.

Честно говоря, я оторопела. Вопреки всем нашим прошлогодним причитаниям и моей собственной печальной картинке общего будущего («Огонек» № 20, 1991 год) катастрофа вроде не грянула. И в многомиллионной Москве, к моему изумлению, оказалось всего-то тысяча двести человек, получающих пособие по безработице. Откуда ж очередь?

— Так вы встанете или нет?
— Товарищ, видимо, справедливо не доверяя бойцовским качествам своих соратников, взял охранные функции на себя. Очередь не поддержала. Она была нервна, но миролюбива, и каждого подошедшего встречала если без радости, то с пониманием. К моей идее — посидеть и здесь, и там, за дверью, очередь отнеслась тоже лояльно, заметив, впрочем, что все это без толку.

Итак, сижу. То там, то здесь. Моя очередь ничем не отличается от статистической справки, что дали в департаменте занятости. Живая иллюстрация. Служащие — 86,8 процента, женщин из них — 81,3 процента, предпенсионного возраста — 25 процентов. По статистике, среди безработных больше всего инженеров — и у нас они в очереди тоже. Потом экономисты — и у нас они на втором месте. Есть еще историк, актер, продавец. Партработников нет. Их вообще всего 146 человек обратились на биржу, к нам не попали.

Мой оппонент с авоськой, судя по тому, что мечтает устроиться экспедитором, видимо, олицетворяет 13 статпроцентов безработных рабочих. Так что у нас в очереди все нормально. Хорошо сидим. Зачем, собственно говоря, сидим, вопрос другой. Для непонятливых объясню. Когда вас, упаси боже, сократят или «ликвидируют», вы зарегистрируетесь на бирже труда, но содержать вас в течение еще трех месяцев будет родное предприятие. А в самый первый день четвертого месяца вы, если остались при своих проблемах, вновь являетесь на биржу и начинаете активно с ней сотрудничать. Или она с вами. Как получится.

Вы приходите раз в пять дней, сидите в такой, как мы сидим, очереди, заходите в кабинет, час мучаете компьютер поиском подходящей, как сказано в законе, работы и выходите с неким направлением. Поездите, походите. Получите отказ? Снова на биржу. Через десять дней приобретете статус безработного и право на пособие. Если не нарушите, разумеется, дату явки или два

78

раза сами от этой подходящей работы не откажетесь. Получив пособие, все равно будете приходить за новыми направлениями.

Вот такая схема. Потому и сидим. Народ здесь, кстати, сплоченный, друг про друга все знают, ибо с первой явки так вместе и ходят, то есть сидят. Клуб, в общем, тусовка на рынке труда. Пять часов посидишь — хоть наговоришься.

Елена Ивановна П. (фамилии меня просили не называть, да я и не собиралась):

— Знаете ли, 30 лет в оборонке оттрубила. Ушло времечко, все понимаю. Сокращают нас, пожилых особенно. Только, вы думаете, эти-то новые, что приходят, работать начали? Не смешите. За мной подсчитывали, сколько в туалете пробыла, а сами на три часа — шасть по магазинам. И потом, ладно, надо сокращать — сокращайте. Но по-человечески нельзя? У нас вот инженер один, мой коллега, узнал о сокращении, бумажку случайно увидел, пришел домой, лег спать и не проснулся. Там было написано, что с завтрашнего дня сокращают. Представляете? А мне теперь что делать? Дочь-школьница, одевать, обувать надо. Зарабатывать надо. Я на все согласна. Кому ж наши дипломы теперь нужны? Уборщицей пойду — платили бы. Возьмут, как думаете?

Ей дали направление на Трехгорку, в цех уборщицей, на полторы тысячи. Спустя час позвонила оттуда — уже не требуется.

Да, нет пока ни катастрофы, ни трагедии. И вариант Елены Ивановны с походом в уборщицы малотипичен, во всяком случае, сегодня.

Еще белокурая дама, в изысканной черной шляпе и спортивной куртке, надеется найти свой потерянный конторский столик, «ну, что-нибудь, как у вас, на бирже, только, пожалуйста, без компьютера и посетителей». Пока предложили библиотекаря — одна вакансия на Москву.

Пока еще тщетны веселые призывы вербовщика с ЗИЛа: «Идите к станочку, его не отнимут». Моя очередь не готова. Она еще ждет «подходящей» работы.

Но уже не нужны продавцы промтоваров — и молодой женщине после часа компьютерных манипуляций подобрали вакансию кассира на заводе.

Не нужны машинистки! Вечное страдание любой редакции и объявления «требуются» на всех столбах — забудьте, уже в прошлом. А вы про инженеров — экономистов, программистов, конструкторов...

Не надо впадать в истерику. Если высвобождаются белые воротнички, а требуются синие спецовки — структурная безработица неизбежна. Понятно вообще, а про себя лично? В сорок пять лет, с язвой и гипертонией...

Можно переучиться — биржа предлагает пока в основном на бухгалтеров и социальных работников. Но последние получают чуть ли не меньше пособия по безработице, бухгалтеры после курсов никому не нужны. И сама биржа уже мается с заключением четырехсторонних договоров: в цепочке — безработный, биржа, курсы, работодатель — завершающее звено все чаще отсутствует.

При всем горячем желании моей очереди пойти поучиться, она не знает — куда и чему. И социологи не знают, и профориентаторы. Одна знакомая еще два года назад, сообразив, что родное министерство обречено, пошла на курсы экскурсоводов. Мой рассказ в очереди вызвал дружный смех. Кто мог знать, что в считанные месяцы эта профессия перестанет, по сути, существовать...

В хождениях на биржу труда есть два резона — все же попытаться найти работу или получить пособие рублей так в 445. По логике, чем меньше шансов на первое, тем больше на второе. Но что есть логика в нашей жизни? Маленький пример для практического руководства. У вас два диплома — редактора и повара. На бирже вам с трудом нашли вакансии редактора в воинской части по замечательному адресу энской деревеньки и повара в детском саду. До деревни вы не доехали, ибо автобус высадил в двух километрах от в/ч, а детский сад вцепился в вас мертвой хваткой, но только за 500 рэ, а не 700, как было обозначено на бирже. Получается, что отказались вы, а не от вас, стало быть, прощай пособие. И кто вы после этого? В какой статистике отразитесь?

Вообще-то знающие люди таких глупостей не делают и в деревеньку энскую с первого-то раза бумажку не возьмут. А если возьмут, то добредут и попросят слезно написать отказ. Но вы же дилетант, вы же совок несчастный, без юридических тонкостей воспитанный. Так что ни работы вам, ни пособия.

И главное — никто не виноват. Закон, что ли? Так он вполне отвечает, как говорят, шведско-германской модели занятости: там тоже два фактора — трудоустройство и пособие — взаимосвязаны. Есть еще англо-саксонская: получай, скажем, в США девять месяцев пособие и независимо от него ищи работу, с биржей или без.

Но мы, видно, до этого не доросли.

Может, биржа виновата? А где она-то вакансии возьмет при ликвидации тысяч канцелярских столов, при крахе оборонки, в нашей не поддающейся определению общественной формации, которая из всех знакомых экономических формул умудряется, похоже, исключить основной компонент — производство...

Со дня рождения отечественной безработицы, с 1 июля 1991 года, из почти 14 тысяч безработных бирже удалось устроить на работу 2150. Посидев у компьютера, я поняла, что и это — немало.

Ладно, вакансий все меньше, сокращенных все больше, а пособие получают тысяча двести... Гда же остальные? Обзвонила всех, с кем разговаривала на различных биржах год назад. Треть работает, две трети ищут. И на биржу не ходят: пособие, говорят, получить сложно, а вакансий нет.

Игорь Ефимович Заславский, с которым мы год назад составляли тревожные прогнозы и мечтали о светлом будущем биржи труда, сегодня генеральный директор департамента занятости Москвы. Он тоже не отрицает: в прошлом году получить пособие было чрезвычайно сложно. Переусердствовали. Боялись, не хватит фонда, хотели активизировать поиск работы... Но фонд занятости собрали в 200 миллионов, средства есть, и с этого года ряд ограничений сняли. Может и уволенный по собственному желанию получить пособие, и впервые ищущий работу, и после длительного перерыва. И на три месяца за неявку не отлучают, в общем, помягче стараются...

— Извините за грубость, мы тут просто идиотизмом занимаемся. — В моей очереди страсти накалялись. — Они знают, что работы нам не найдут, мы тем более, а раз в неделю изволь явиться. Взять очередную туфту и носиться по городу, тратить последние гроши на транспорт. Я теперь без билета буду ездить, пусть сюда штрафы шлют.

— Ну, зачем вы так, мне, например, две вакансии дали четко по профессии, там, правда, отказали, понимаете, сами не знают, кого еще сократить придется...

— А я семь отказов набрала, и каждый с валидолом. Вчера приехала, а кадровичка в крик. Сколько вас тут ходит, сороковая уже на одно место... Ну, назначат сегодня, бог даст, пособие. Так ведь через пять дней опять здесь высиживать — с 9 до 6...

С этими «явками» я никак разобраться не могла. В законе написано — не реже двух раз в месяц, в инструкции даже — «не чаще», а ходят каждые пять дней. Оказывается, все просто: если взял направление, в этот срок обязан отчитаться. Почему в этот? А кто его знает.

В генах у нас, что ли, эта способность на пустом месте жизнь осложнять себе и окружающим? Сотрудники биржи головы не поднимают, безработные — к очереди прикованы...

Нормальный отечественный сюжет, как в пустом предновогоднем ГУМе: тысячи продавцов изнывают от скуки — нет товара, никакого, а в одной секции — огромная очередь, зажигалки продают. Почему только в одной или почему только один продавец — не понять, не бейтесь.

— Мы же нормальные люди, не дебилы, не прогульщики. Нет работы — что нервы мотать. Все равно самим выкручиваться. Разве не честнее получить на время пособие это несчастное и раз в месяц регистрироваться? Нет, все ждем — кто кого первым обманет.

Одна газета написала, что пособие удается выбить лишь наиболее предприимчивым. По-моему, самым терпеливым.

Ладно, можно посыпать себе голову пеплом — жизнь прожита зря, образование не то, избалованы бездельем с чайком и беготней по магазинам. Можно действительно, как Любовь Владимова, автор письма в «Огонек» считать платой за «бесцельно прожитые годы» бесцельное сидение на бирже труда. Моя очередь с этим тоже готова согласиться. Разве служивая московская интеллигенция два года и год назад, собираясь на митинги, не понимала, что рухнет первой? Но и не она гремит сегодня по площадям пустыми кастрюлями. Может, растеряна, может испугана, но достаточно мудра, чтобы оценить реально свои прошлые заслуги и все уже понять про бесплатный кусок сыра, который бывает только в мышеловке.

— Нас нечего жалеть, — сказала мне немолодая женщина, бывший инженер по лазерам. — Я ведь давно от техники ушла. Бумажки в министерстве перебирала, руководила. Мы свое получили, теперь в сберкассу куда-нибудь пойду или сестре в семье помогать буду. Выкручусь. Вы о мозгах подумайте. Вот что страшно.

Об утечке мозгов печать шумит не первый год. Теперь и мировая. Но утекают они не только на Запад или Восток. К нам, в очередь, — тоже.

Анатолий Петрович Р., химик-технолог, доктор наук:

— Мне говорят — ты свободен, в руках профессия, патенты, изобретения. Действуй, дерзай. Я свободен с утра до вечера. Кроме отсидок на бирже. Вакансий нет. Сейчас возьму «технолога по холодильным установкам». Мне, естественно, откажут. Кроме слова «технолог», в этой работе и моей квалификации ничего общего. Вы мне скажете — начинайте свое дело. Прекрасно, готов. Но у меня нет 600 тысяч для аренды гальваники. А у вас есть? Есть — не дадите. Потому что эффект от моей работы не завтра, а, простите, послезавтра. Так далеко у нас никто не заглядывает. Некогда.

К этому сюжету могу добавить еще с десяток, собранных за неделю. Про физиков, биологов, про молодую женщину-эколога Олю, с которой познакомилась не на бирже труда, а в кризисном центре экстремальных состояний. Она не без работы осталась — без дела, без своей темы. И не какой-нибудь фундаментально отвлеченной. Что уж практичней уникального метода очистки сточных вод, да еще с экономическим эффектом для основного производства... Но лабораторию в НИИ закрыли, диссертацию — побоку, все попытки заинтересовать спонсоров упираются в тот же послезавтрашний эффект...

Забудем магические слова — «правительство должно помочь». Не поможет — ни физикам, ни лирикам, ни химику Анатолию Петровичу, ни экологу Оле. Тогда кто? Фонд занятости обязан способствовать созданию новых рабочих мест. Замечательно, пусть будет гарантом и кредитором для Анатолия Петровича, он создаст свое малое предприятие, с рабочими местами только для безработных, возьмет к себе Олю — и все. Разумнее, чем трепать золотой мозговой запас по биржам труда!

Ну что взять с дилетанта? От таких финансовых вливаний, терпеливо объясняли мне, фонд рухнет через месяц. Биржа обязана заботиться в первую очередь о людях социально незащищенных — инвалидах, матерях-одиночках, для них должны создавать рабочие места и льготные условия. И пытаются, и создают. А высоколобые специалисты, чей интеллект стоит миллионов, должны уж как-нибудь сами...

Можно, конечно, помечтать, что биржа разбогатеет или что наш диковатый домонополистический капитализм, покончив с разбойным периодом первого накопления, съедет с рельсов «куплю-продам» и обратит взгляд на технологии, что-то и как-то производящие. И выстроится очередь на Анатолия Петровича, и будут разыскивать по каким-нибудь аптекам Олю. Возможно. Пока же ищут и ждут они.

За этот год бирж всяких и разных, помимо государственной, конечно, прибавилось. Но немного. Не слишком выгодное, видимо, дело — трудоустройство. С вакансиями и там не легче. Где-то в основном рабочие специальности, где-то для женщин вообще ничего нет. Появились, правда, специальные биржи — офицерская, журналистская, для руководителей.

Как я поняла, наши коммерческие структуры в поиске кадров предпочитают обращаться к коммерческим же биржам. Но спрос там специфический: коммерческий агент да секретарь, простите, референт — длина ног и возраст строго определены, прочих граждан и мою очередь, видимо, тоже, просят не беспокоиться.

Короче, изучив ситуацию на нашем «базаре труда», могу сказать точно, кто пока не пропадет: юристы, медики, учителя, хорошо знающие иностранный язык (без словаря), главные бухгалтеры. Пожалуй, все, за остальных не ручаюсь.

Ну и что с нами, с остальными? Что с моей очередью? Поставить унылый вопрос и закончить не менее унылым многоточием? Жалко нас, жалко... Поплакать в подушку или на журнальную полосу? Поискать сочувствия у родных и близких, у таких же лишних? Ну, время, конечно, обругать правительство. Со всем этим моя очередь прекрасно справится сама. А дальше что?

А дальше, как я поняла, начинается главное. Всю эту неделю меня учили выживать. Или сама училась под диктофон. И в той же, кстати, очереди, и у тех кто свое уже «отходил».

Человек, объяснили мне, переживший шок потери работы, проходит несколько стадий адаптации. Первое, что посещает, — обида: почему меня, а не соседа? Когда выясняется, что и соседа тоже, и многих других соседей, — становится легче. Можно не мучиться комплексом неполноценности. Потом — взлет активности: подумаешь, уволили, прекрасный шанс изменить жизнь, сам бы не решился. Обзвонив знакомых, побегав по смежным организациям, естественно, впадаешь в уныние. Оно, конечно, грех, но в небольших дозах можно позволить. Лучше всего выводит из уныния злость. Ничего страшного, нормальная реакция здорового организма. И тут момент самый интересный: ты входишь в азарт. Ты хохочешь над объявлениями в пухлых «Все для вас» или «Из рук в руки» и неожиданно для себя посылаешь свое. Ты набираешь сотни телефонных номеров и отвечаешь на десятки звонков. Ведешь нелепые разговоры, получаешь нелепые рекомендации, но вдруг замечаешь: что-то щелкнуло. Где эта вечная боязнь чужих кабинетов, где эта дрожь в коленках перед очередным отказом? На бирже труда — своя рулетка...

Знатоки говорят, что именно в этот момент приходит удача. Не поспеет со стороны, сам родишь. Дело в том, что, потыркавшись по углам и закоулкам нашего полубезумного базара, начинаешь понимать: ты ничем не хуже тех, у кого ищет работу. Забавно...

В снятой трехкомнатной квартире Марта — владелица одноименной частной биржи трудоустройства давала мне совершенно бесплатно кучу дельных советов. На первое время запомнила один: не бойтесь, вы ничего не теряете, потому что терять вам нечего. Нет денег, начинайте с услуг.

Что касается ее собственного бизнеса, тут я не уверена в крупном финансовом успехе, но десять человек за два месяца устроить удалось.

Кто-то, отчаявшись найти работу, открывает собственное бюро, как «Марта», кто-то собственные курсы, как «Варвара», где таких же безработных женщин обучают искусству дизайна по коже и прочим рукоделиям. И материал достали, и помещение нашли, и опытных преподавателей — ничего, получается, даже если ты в прошлом филолог.

В общем, есть некая странность в нашей безработице. Она благополучна, если смотреть сверху: цифры мизерные, нам еще шагать и шагать до средних 10 процентов, с которыми борются в развитых странах. Правда, станем ли развитыми, когда дошагаем? Специалисты считают, что обещанный в прошлом году обвал переносится на нынешние лето — осень. Но пока, даже если учесть, что на каждого безработного, получающего пособие, наберется десять нигде не учтенных, — паниковать глупо.

Вот на уровне первом, в очередях, в особенных наших страхах — тоска и порой почти безысходность. Но главное, где-то между двумя этими этажами — личным несчастьем и статистическим благополучием — тусуются шансы, провалы, удачи. И наши в том числе. Лифта уже никто не подаст. Но ведь и в пропасть пока не заглянули.

СЛОВАРЬ И ОБЪЯСНЕНИЯ К ТЕКСТУ

сокращать *(здесь)*: увольнять
остаться при своих проблемах: остаться в той же ситуации
тусовка *(разг.)*: любая социальная активность
оборонка *(разг.)*: оборонная промышленность
оттрубила *(разг.)*: отработала
шасть *(сокр. от шастать)*: бегать
мёртвой хваткой: очень крепко
дебилы: умственно отсталые
мотать нервы: волновать, тревожить

выбить *(разг.)*: приложить много усилий, чтобы получить что-то
бесплатный кусок сыра бывает только в мышеловке: чтобы достичь чего-нибудь, нужно приложить усилия — даром ничего не дается
«Всё для вас», «Из рук в руки»: рекламные издания
совок *(презр.)*: советский человек, продукт советской системы
валидол: лекарство от сердца
ГУМ: Государственный универсальный магазин, самый известный в стране

РАБОТА НАД ТЕКСТОМ

До чтения

Наряду с другими проблемами в эпоху перемен возникла новая — безработица. Прочтите название статьи и обратите внимание на слова «в круге первом». Почему автор дал такое название статье? Какое настроение он пытался передать?

Во время чтения

Первый этап

1. Найдите в первом абзаце ответ на вопрос — людей каких профессий можно чаще всего встретить среди безработных?

2. Какую помощь оказывает предприятие бывшему работнику?

3. Когда даётся статус безработного?

4. Получает ли безработный пособие по безработице? В каком размере? Трудно ли получить пособие? Приведите мнения различных людей.

5. Что нового было внесено в порядок получения пособия? Как вы думаете, правила стали легче или, наоборот, сложнее?

6. Верят ли люди, что биржа им поможет? Пытаются ли они сами себе помочь? Каким образом?

7. Представители каких профессий реже всего обращаются на биржу? Как вы думаете, почему бывшие партработники попали в эту категорию?

8. Найдите в предпоследнем абзаце ответ на вопрос — в чём автор статьи видит странность российской безработицы?

Второй этап

1. Автор знакомит читателей с различными людьми. Первая из них — Елена Ивановна П. В какой отрасли промышленности она работала?

2. Как вы думаете, почему её уволили:
   — сокращение оборонной промышленности;
   — пенсионный возраст;
   — неквалифицированный работник.

3. Согласна ли она на другую работу?

4. Типична ли её ситуация?

5. Что вы узнали о её семье?

6. Найдите описание следующей женщины, с которой автор познакомился на бирже труда. Автор статьи очень кратко и ёмко характеризует её в одном предложении. Что можно сказать о ней как о работнике? Обратите внимание на слова — «ищу работу без компьютера и посетителей».

7. Третий человек в очереди на бирже труда — Анатолий Петрович Р. Что мы можем узнать о нём — профессия, учёная степень? Как он оценивает перспективу найти работу с помощью биржи? Почему он не может открыть своё дело?

После чтения

1. Найдите описание психологического состояния человека, который потерял работу. Прокомментируйте каждую из стадий.

2. Какие социальные задачи должна решать биржа? Что думает автор статьи по этому поводу?

3. Расскажите, как решаются проблемы безработных в вашей стране.

СВЕТСКАЯ ХРОНИКА

СПОРТ ТОЛСТЫХ И ЛЕНИВЫХ

Много чего пришло к нам с Запада за последние годы, и среди прочего — модная последние два-три столетия игра, именуемая «дартс», которой увлекаются миллионы и даже Маргарет Тэтчер. Говорят, что положили этой игре начало английские лучники, которые обламывали стрелы и метали их в круг, нарисованный на двери. В современном дартсе кидают не обломки стрел, а специальные дротики, и не в дверь, а в доску в виде круга, поделенного на сектора.

На Западе дартс — полноправный вид спорта, пусть и не такой престижный, как теннис, но призовой фонд международного турнира в этом году составил 100 000 фунтов стерлингов. А атмосфера на соревнованиях какая! Многие приходят целыми семьями, цветы, улыбки, изобилие в баре... Кстати, хорошая традиция — совмещать дартс с пивом — к сожалению, у нас вряд ли приживется. Успехи наших спортсменов в этом виде спорта невелики — дальше первого, ну второго круга соревнований отечественных фамилий вы не увидите. Да и немудрено — у нас в стране нет настоящего дартс-клуба, где можно было бы собираться для тренировок и отдыха, нет досок, нет дротиков — есть только любители дартса. Большое оживление среди наших спортсменов вызвало выступление главы фирмы, выпускающей спортивное снаряжение, на презентации этой игры в Союзе. На полном серьезе капиталист заявил, что эта игра доступна каждому: пришел в магазин, заплатил 30 фунтов стерлингов, купил доску и дротики — и играй... Наши любители дартса нервно смеялись.

СЛОВАРЬ И ОБЪЯСНЕНИЯ К ТЕКСТУ

среди прочего: среди других вещей
лучники: стрелки́ из лука
у нас вряд ли приживётся: вряд ли станет у нас традицией

да и немудрено: да и неудивительно
на полном серьёзе: совершенно серьёзно

РАБОТА НАД ТЕКСТОМ

До чтения

1. Прочитайте название. Как вы думаете, о каком спорте идёт речь?

2. Судя по тону названия, можно предположить, что эта публикация:
   — информационная
   — сатирическая
   — критическая.

Во время чтения

Первый этап

1. Прочитайте первый абзац и подчеркните название спорта, о котором идёт речь.

2. В тексте встречается одно очень известное имя. Чьё? В какой связи?

Второй этап

1. Найдите место в тексте, где описывается эта игра. Выпишите незнакомые слова и переведите их на английский язык.

2. Правда или нет? Прочитайте следующие утверждения и скажите, какие из них правильны, а какие нет:
   — дартс впервые появился в Англии
   — по этому виду спорта нет международных турниров
   — советские любители дартса нервные люди
   — в России нет хороших дартс-клубов.

После чтения

1. Вы поняли, какие причины мешают советским спортсменам добиться больших успехов в этом виде спорта? Назовите их.

2. В рубрике «Светская хроника» печатаются:
   — сенсации
   — интересные факты
   — сообщения.

3. К какой из этих трёх категорий вы отнесёте эту публикацию? Объясните, почему.

4. Вам понравилось название? Вы можете предложить своё? Какое?

СЫТЫЕ, УМНЫЕ, ИНТЕЛЛИГЕНТНЫЕ...

Выглядит это примерно так: собираются в приятной обстановке приятные люди и за чашечкой кофе обсуждают — что бы сделать хорошего для общества? А обсудив этот интересный вопрос, складываются, кто сколько может, кладут деньги на поднос и расходятся. Такое вот у людей хобби...

Во всем мире ротари-движение расцветает пышным цветом, объединив сегодня в 25 000 клубах более миллиона человек. В странах с рыночной экономикой основную часть членов этого клуба составляют предприниматели — так называемый средний слой, бюргерство, проще говоря — обыватели.

Ротарианцы должны быть сытыми, умными, интеллигентными. Они должны в своем клубе объединить деятельных представителей популярных в данной местности профессий, научиться любить друг друга и, основываясь на этом, создать маленькую, но действующую модель того общества, к которому они стремятся. Понятно, как непросто даются азы ротарианства его советским последователям. Хотя, по подсчетам вице-президента Московского Ротари-клуба А. Тарнавского, количество потенциальных ротарианцев в одной лишь Москве более миллиона. Правда, предпринимателей маловато, но зато есть оставшиеся интеллигенты и всегда испытывавшие к ним родственные чувства высокопоставленные чиновники, которых в Москве огромное количество.

Впрочем, ротарианцы сами себя ограничивают: среди членов клуба на каждую профессию есть своя квота, которая расширяется только для журналистов и дипломатов.

Говорят, прежде чем принять СССР в международную организацию «Ротари Интернейшнл», президент этой организации обратился в ЦК КПСС — он хотел получить гарантии, что в случае изменения курса страны советские ротарианцы не будут подвергнуты репрессиям за свою деятельность, что уже бывало при изменениях курса некоторых стран в сторону тоталитаризма.

Главный принцип ротари-движения — невмешательство в политику — требует от его членов соблюдения различных требований и условий. Ротарианцы не должны «тратить энергию на членство в других организациях», нельзя создавать новый Ротари-клуб в той местности, где один уже есть. Всего таких заповедей около 150, так что у кого попало тут деньги не берут. Чего стоит обязанность посещать все заседания клуба! Пропустил даже одно — членство может быть приостановлено. Правда, в московском «Ротари» этот принцип не очень соблюдается, но даже при льготном режиме три кандидата на исключение уже есть. По имеющимся сведениям, может «погореть» из-за своих частых пропусков председатель Мосгорисполкома Юрий Лужков. Но с кем же тогда останутся московские ротарианцы?

СЛОВАРЬ И ОБЪЯСНЕНИЯ К ТЕКСТУ

скидываются: собирают с каждого участника деньги
расцветает пышным цветом: успешно развивается, растёт
азы: начальные знания
всего таких заповедей около 150: всего таких правил, требований около 150
у кого попало: у любого человека, не выбирая
чего стоит обязанность посещать все заседания клуба: *здесь:* уже одно это правило показывает, какие все эти правила сложные

РАБОТА НАД ТЕКСТОМ

До чтения

1. Вы, наверно, знаете, что русское слово «интеллигентный» трудно перевести на другие языки. Оно включает в себя понятия: тонкий, образованный, с хорошими манерами, просвещённый и что-то ещё, что трудно объяснить. Слово «сытый» в заголовке и слово «интеллигентный» плохо гармонируют друг с другом. Поэтому трудно определить тему публикации. Может быть, вам поможет первый абзац. Прочитайте его и скажите, о чём эта публикация?

2. Прочитали? Догадались? Прочитайте следующий абзац и скажите, о каком движении идёт речь. Сколько человек участвует в нём? Кто самые типичные участники этого движения?

3. Вам знакомо это движение? Вы что-нибудь знаете об этих клубах? О чём ещё вы подумали, прочитав эту публикацию? Напишите 2—3 вопроса, на которые вы хотите найти ответы.

Во время чтения Первый этап

Просмотрите текст до конца и ответьте на следующие вопросы:

1. На что должна быть похожа модель или структура ротари-клуба?

2. Какая квота существует среди членов клуба?

3. Что беспокоит президента «Ротари интернейшнл»?

4. Как относятся участники этого движения к политике?

5. О каких правилах, обязательных для членов клубов, вы прочитали в этом тексте?

Второй этап

Найдите эквиваленты следующих подчёркнутых слов и выражений:
— во всём мире ротари-движение пользуется большой популярностью
— трудно понять основы ротарианства
— в одной только Москве
— главный принцип — не заниматься политикой
— всего таких правил 150
— деньги берут не у всех.

После чтения

Вы, наверно, знаете больше об этом движении, чем автор заметки. Может быть, вы напишете несколько слов автору и поделитесь своими замечаниями. А если вас это движение не интересует, то, может быть, вы расскажете о каких-то других клубах?

19 АВГУСТА

1.

Известный московский нищий Василий Н. был преисполнен решимости внести свой вклад в святое дело борьбы за демократию. В этот день он решительно снял с головы шляпу и расположился в непосредственной близости от осажденного «Белого дома». Его профессиональные способности не пропали даром — к концу рабочего дня милостыня составила 62 тысячи советских рублей и три с половиной тысячи американских долларов. Российский патриот принес свою дневную выручку к «Белому дому» и пожертвовал ее целиком на защиту Отечества.

2.

В Московской клинике неврозов было неспокойно. Появление танков на улицах Москвы сильно подействовало на нервы пациентов. Обитатели клиники резко разделились на два враждующих лагеря. Пациенты, поддержавшие новую власть, потирали руки и приговаривали: «Будет вам ужо порядочек!» Пациенты, провозгласившие своим девизом слова: «Защитим законное, конституционно избранное правительство!», дали достойный отпор приспешникам путчистов. Демократически настроенные больные едва не повязали медперсонал, ставший у них на пути к российскому парламенту. Перевес сил оказался все же на стороне людей в белых халатах. Всех беспокойных удалось успокоить и даже убаюкать.

3.

В Киноцентре на Красной Пресне ничего интересного не произошло. Администрация во главе с генеральным директором в тот день спешно отбыла к зданию по соседству, едва успев отдать распоряжение об отмене всех зрелищных мероприятий и приостановке деятельности Киноцентра. Купившим билеты было предложено сдавать их обратно в кассу. К счастью, события разворачивались так стремительно, что почти все отмененные мероприятия в конце концов состоялись. Оперативности работников Киноцентра могли бы позавидовать организаторы военного переворота: они одни из немногих успели все сделать вовремя: не только отменить всякое кино, не только принять обратно в кассу сданные билеты, но и распродать их заново, когда ситуация стала менее угрожающей. 20 августа, правда, не состоялась заявленная в афишах презентация журнала «Столица»: большинство участников презентации тоже оказались на баррикадах. Зато она с громадным успехом состоялась 2 сентября, причем к программе добавились незапланированные эпизоды: поздравление с победой и воспоминания бывших однополчан Геннадия Хазанова, Ильи Заславского, Александра Филиппенко, Марка Захарова и других. Рассказывают: так получилось даже интереснее.

СЛОВАРЬ И ОБЪЯСНЕНИЯ К ТЕКСТУ

19 августа (1991 г.): день начала антидемократического путча
был преисполнен решимости внести: был настроен обязательно внести...
в непосредственной близости: рядом
не пропали даром: принесли результаты
дневную выручку: полученные за день деньги

ужо *(простор.)*: угроза наказания, мести. «Ужо, строитель чудотворный!» (Пушкин «Медный всадник»).
приспешникам *(негат.)*: сторонникам
убаюкать: уложить спать
о приостановке: о временном прекращении
стремительно: чрезвычайно быстро

РАБОТА НАД ТЕКСТОМ

До чтения

1. Следующие три публикации связаны с событиями в Москве 19 августа 1991 года. Что вы знаете об этих событиях? Как они закончились? Кто принимал в них участие? Как вы думаете, о чём или о ком может идти речь в этих публикациях?

Во время чтения

Первый этап

1. Посмотрите на первое сообщение и найдите имя человека, о котором рассказывается в этой публикации.

2. Вы обратили внимание на то, чем занимается герой этого рассказа? Как он зарабатывает на жизнь? Где можно было найти этого человека 19 августа? Что он делал в этом месте? Найдите цифру, отражающую результаты его «трудов».

3. Как вы думаете, почему Василий стал героем дня и попал на страницы журнала?

4. Как вам кажется, почему в публикации не указана фамилия этого человека?

Второй этап

1. Просмотрите первое предложение второго сообщения и скажите, где происходит действие этого сообщения. Как реагировали участники на события 19 августа:
   — их мнения разделились
   — никто не понял, что происходит
   — все испугались.

2. Прочитайте последнее предложение и скажите, как вы его понимаете, чем закончилась эта история?

3. Прочитайте первое предложение третьего сообщения и назовите место действия этой истории.

4. Прочитайте второе предложение. Вы поняли, где находится киноцентр, рядом с каким зданием?

5. Просмотрите текст до конца и скажите, показывали ли кинофильмы в центре в этот день или нет.

После чтения

1. Найдите в тексте описание программы киноцентра 2 сентября. Как вы думаете, о чём рассказывали выступавшие в этот день? Кого из этих людей вы знаете? Чем они знамениты? Что у них общего?

■ ЗАКУЛИСЬЕ

ПОДАЙТЕ МИЛОСТЫНЮ ЕЙ

Московский Театр эстрады никогда не пустует. И хотя билеты снова подорожали, в кассе они залеживаются редко. Основной состав артистов собирает аншлаг вне зависимости от погоды и политической конъюнктуры.

При всем своем блеске и нахальстве эстрада нежна и беззащитна. Рожденная на улице, она постоянно помнит о том, как холодно и одиноко многим людям. И ананасы в шампанском, которые многие нувориши воспринимают как символ эстрады, скорее ее маска, нечто вроде клоунского грима.

Иначе почему благополучный человек Иосиф Кобзон поет на бенефисе другого благополучного человека Бориса Брунова жестокий романс «Нищая» о трагической судьбе талантливой актрисы? Причем, оговорившись, что это один из любимых романсов Брунова. И, видимо, не только его.

И почему при словах «подайте милостыню ей» зал и закулисье затихали, а бенефициант отворачивался, чтобы спрятать слезы?

Если кому-то это «почему» не понятно, то объяснить трудно, надо почувствовать. Как объяснить, зачем Театр эстрады ежемесячно совместно с театром-шоу «Кабарэ», телевидением, РИА «Новости» и «Огоньком» устраивает благотворительные концерты? Зачем Евгений Петросян передал гонорар за свои концерты-бенефисы онкологическим больным? А Брунов — Лефортовскому интернату № 108?

Эти деньги для артистов совсем нелишние. Ведь они не относятся к тем редким созданиям, у которых дежурная фраза — «нет проблем». У эстрадников проблемы есть. И сумасшедшее повышение цен на аренду помещений, свет — не самые большие из них. Бо́льшую принесла долгожданная свобода. В ее условиях смогли выжить только звезды. Где-то под обломками Москонцерта затерялись эстрадный балет и оригинальный жанр, едва дышат и ждут реанимации детское и классическое направления эстрады. Вместо них остались один милый Родион Газманов и еще более милый Александр Малинин. Для шоу-бизнеса, выросшего на обломках советской эстрады, как и для любого другого бизнеса, выгоднее получать прибыль в условиях дефицита.

Эстрада никогда не была чужда коммерции. Когда всех призывали заботиться о «человеческом факторе», она смеялась над этим и зарабатывала на своем смехе. А когда все, кто мог, устремились за деньгами, она увидела тех, кто не может без посторонней помощи обеспечить себя, тех, на кого не хватает средств у государства. Это неизлечимо больные дети, инвалиды, семьи погибших милиционеров и афганцев. Театр объединил вокруг себя ряд крупных фирм, имеющих широкие благотворительные программы.

По словам коммерческого директора театра Владимира Мамонтова, только благодаря спонсорам московский Театр эстрады может проводить благотворительные концерты.

— Многие из фирм не просто финансируют наши программы, — рассказывает он, — но и прямо в зале после концерта вручают тем, кому посвящен вечер, материальные пожертвования. Так поступают фирма «Технический прогресс», страховое общество «Полис», акционерное общество БММТ «Спутник».

Мы сотрудничаем не только с москвичами, но и со всей Россией. Например, с мебельными фабриками — «Беркам» из Пермской, «Элита» из Свердловской области. «Русский мороз» из Новочеркасска отчисляет нам определенный процент от своей прибыли на поддержку благотворительных акций.

Нельзя не упомянуть и представителей инофирм и совместных предприятий, которые уже хорошо освоили российский рынок и небезразличны к нашей жизни. Это «Интерквадро», «Ив Роше», «Сана», «Испарус» и другие.

Благотворительность снова входит в моду. Но не только потому, что, жертвуя на нее, спонсоры получают налоговые льготы. Существует огромное количество способов, как спрятать доход от налоговой инспекции. Просто многие предприниматели начали заботиться о своём имидже. Они уже переросли первоначальный этап накопления капитала с покупками машин-иномарок, банкетами в ресторанах и «о-очень простой рекламой». И теперь подумывают, как бы оставить свой след в истории. Им хотелось бы слышать вслед шепот: «Меценаты...».

Это слово в нашей стране было забыто на долгие годы. Нравы огрубели, традиции исчезли. Но плох тот предприниматель, который, став спонсором, не мечтает о славе мецената.

...За кулисами Театра эстрады идёт последняя репетиция танцевальной группы. Через минуту выход на сцену. И — раз, два, три. Поворот. Снова — раз, два, три. Как они изящны — эти длинноногие, стройные, с огромными глазами. А за ними наблюдают шикарные господа и дамы — спонсоры этого концерта. Хозяева, чувствуют себя в гостях. Скоро объявят их выход.

В самом деле, о чем им говорить со сцены? Выйти с поклоном: «Я ваш спонсор из фирмы Н. Любите меня и пользуйтесь только моим товаром»? Или просто вручить на сцене очень дорогой подарок артисту, продемонстрировав широту души, подобно «Гоару» или «Антиквару»? Варианты подачи себя есть. И тем спонсорам, кому есть что сказать, предоставляется возможность сделать это на благотворительном концерте Земфиры Жемчуговой, который состоится 15 февраля в Театре эстрады. На бенефисе Земфиры будет выступать всё её семейство — отец, дети, внучка, тоже, кстати, Земфира. Постановкой займётся муж Земфиры-бабушки Иосиф Гайош, сочетающий в своём творчестве традиции российских и мадьярских цыган. В концерте также примут участие Клара Новикова, Людмила Рюмина и Дима Маликов.

Сегодня практически нет такого артиста, даже очень известного, кому бы не был нужен спонсор. Даже Евгению Петросяну, написавшему книгу о смехе. От денег зависит качество бумаги, иллюстраций, переплёт.

Но, по мнению продюссера Игоря Захарова, быть спонсором артиста не значит купить его. Эстрада — женщина гордая. Как бы она ни нуждалась, завоевать её любовь не просто. Она не покупается ни за наличные, ни по перечислению. Она равнодушна к сильным мира сего. Когда Александр Ширвиндт со сцены спросил: «Спонсёры в зале есть?», один ряд в партере вздрогнул. В глазах за золотыми оправками читалась общая мысль: «Какое неуважение! Раньше эти артисты держали фигу против направляющей и организующей, теперь смеются над богатыми. Неисправимы».

Даже трудно сказать, кто в ком нуждается сильнее. Эстрада в спонсорах или наоборот. Эстраде нужны деньги. Спонсорам — слава. Это мезальянс, в котором создаются условия для возрождения меценатства.

Хочется верить, что традиции возродятся, нравы смягчатся, меценаты появятся. Знать бы только, кто именно будет первым, можно было бы заранее автограф взять. Не все же у артистов и режиссеров просить.

СЛОВАРЬ И ОБЪЯСНЕНИЯ К ТЕКСТУ

закулисье: *здесь:* внутренняя жизнь театра

в кассе билеты залёживаются редко: быстро продаются

театр собирает аншлаг: все билеты распроданы

нувориши: люди, которые очень быстро разбогатели

дежурная фраза: одинаковый ответ в любой ситуации

сумасшедшее *(повышение цен)***:** в больших размерах

под обломками Москонцерта: Москонцерт как центральная организация, контролирующая всю концертную жизнь Москвы, перестала существовать

оригинальный жанр: жанр, объединяющий фокусников, жонглёров, акробатов

заботиться о «человеческом факторе»: формулировка, взятая из программы КПСС, которая призывала представителей искусства выполнять воспитательную и пропагандисткую функции

меценаты, меценатство: очень распространённое явление в царской России. Меценаты оказывали материальную поддержку, покровительствовали искусству

демонстрировать широту души: показывать свою щедрость

держать фигу в кармане: иметь тайный умысел; втайне смеяться

направляющая и организующая: так называла себя КПСС, которая считала себя духовным наставником советского искусства

Иосиф Кобзон, Борис Брунов, Родион Газманов, Александр Малинин, Евгений Петросян, Людмила Рюмина, Дима Маликов: известные артисты эстрады

РАБОТА НАД ТЕКСТОМ

До чтения

Искусство и коммерция, художник и спонсоры... об их связи и влиянии друг на друга говорит не одно поколение артистов, художников, писателей. Автор статьи рассказывает о современных артистах эстрады и об отношениях между артистами и спонсорами.

Во время чтения

1. Прочтите второй абзац. Найдите слова, которыми автор описывает эстраду.

2. Почему автор называет эстраду «беззащитной»?

3. С какими проблемами сталкиваются артисты?

4. Почему автор называет «долгожданную свободу» одной из проблем?

5. Один из символов эстрады — «ананасы в шампанском». Что, по-вашему, можно считать символом эстрады?

6. Почему артисты эстрады устраивают благотворительные концерты? Является ли благотворительность только модой или имеет другие причины? Назовите их.

7. Почему автор считает, что «эстрада — женщина гордая»? Найдите объяснение в тексте.

После чтения

1. Попытайтесь определить, как относится эстрада к «сильным мира сего». Приведите пример гармоничного сотрудничества между артистом и спонсором.

2. Согласны ли вы с тем, что искусство должно быть гуманно? Приведите имена артистов, известных своей благотворительностью.

ПОЧТА «ОГОНЬКА»

БЫТЬ РУССКИМ В ПРИБАЛТИКЕ

Очень трудно быть русским в Прибалтике, особенно в последние годы. Как никому, наверное, и нигде. А трудно, потому что стыдно. Всегда было стыдно, и чем дальше, тем больше мучает этот атавистичный для хомо советикус рудимент души. А после января так и глаз не поднять. Мы сами навязали народам персонификацию советского с русским и теперь от этого страдаем.

Сам я русский, по крайней мере считаю себя таковым. Родился в России, в Эстонии же вырос и живу. И собираюсь жить. Если только «мои спасатели» из ВДВ и прочих родов войск не взорвут республику изнутри. Мне некуда ехать, хотя Россия и велика, ибо дом мой здесь. На берегу ЭТОГО моря, среди ЭТИХ камней, под ЭТИМ небом, среди ЭТИХ людей. А куда ехать эстонцу с его земли?

Не могу сказать, что мне нравится все, что в Эстонии делается новыми власть имущими, но я предполагаю за коренным населением ПРАВО жить на своей земле, по своим законам. Мне же как пришлому остается или признать эти законы и жить по ним, или уехать, ибо, не признавая их, я тем самым признаю законными события 1939—1940 годов и всего, что за этим последовало.

Очень не нравится мне, что кто-то, все решив за меня, кричит, надрываясь, от моего имени: защити! И кто-то спешит «защитить», не заботясь о разнообразии сценариев. А сценарий со времен финской войны так и не изменился. И из январского Вильнюса торчат те же уши.

Но цель, по-моему, «защитниками» достигнута. Президент наш вместе с провозглашенными им перестройкой и новым мышлением дискретирован как в глазах мировой общественности, так и в глазах союзной демократии.

Для себя я уже все решил. Я буду до конца с тем народом, с которым живу бок о бок многие годы. И думаю что я не одинок.

А. Мартынов,
врач, Эстония

СЛОВАРЬ И ОБЪЯСНЕНИЯ К ТЕКСТУ

ВДВ: воздушно-десантные войска
прочих: других
власть имущими: людьми, стоящими у власти
как пришлому: как некоренному жителю, человеку со стороны
события 1939—1940 года: присоединение Эстонии, Латвии и Литвы к Советскому Союзу

кричит, надрываясь: кричит изо всех сил
из январского Вильнюса торчат те же уши: в антидемократическом военном путче в Вильнюсе (январь 1991 г.) видны те же политические силы
бок о бок: рядом

РАБОТА НАД ТЕКСТОМ

До чтения

В этом разделе, как нетрудно догадаться по его названию, печатаются письма читателей «Огонька». Письма самые разные.

1. Как вы думаете, на какие темы и по каким поводам пишут в редакцию «Огонька»?

2. Назовите несколько тем, которые могут служить причиной для писем.

Во время чтения

Первый этап

1. Просмотрите первый абзац письма читателя Мартынова. Вас удивило такое начало?

2. Вы поняли, почему автору трудно жить в Прибалтике? Кто он по национальности? Что значит «трудно, потому что стыдно»? Чего стыдится автор письма?

3. Просмотрите письмо до конца и составьте его план в трёх-четырёх коротких предложениях.

Второй этап

Прочитайте текст внимательно и ответьте на следующие вопросы:

1. О каком праве прибалтов говорит автор письма? Найдите место в тексте. Прочитайте его.

2. О каких событиях 1939—1940 годов говорится в письме? Что вы знаете об этих событиях?

3. Почему и в чьих глазах дискредитирован Президент? О каком Президенте идёт речь?

4. К какому выводу приходит автор письма? Что он собирается делать?

После чтения

Тема, поднятая в письме врача из Эстонии, очень сложна. На эту проблему есть разные точки зрения. Речь идёт о независимости народа, о стабильности государства, о будущем перестройки.

1. Что вы думаете о ситуации в Прибалтике?

2. Может быть, вы напишете ответ врачу из Эстонии, поддержите его или поспорите с ним?

ОТВЕТ НА ОБРАЩЕНИЕ

№ 49 «Огонька» опубликовано обращение «Еврейского фонда для христиан-спасителей» (находится в Нью-Йорке) с просьбой назвать имена рядовых советских граждан, которые рисковали жизнью, спасая евреев во время фашистской оккупации.

Я, Скокина Мария Григорьевна, тот самый человек, по отношению к которому был проявлен подлинный человеческий героизм, за что не предполагались награды, более того, моим спасителям грозила смерть. Родилась я в Белоруссии, в д. Редьки, недалеко от г. Мозыря Гомельской области. В семье было шестеро детей — пятеро братьев и я. Родители работали в колхозе, кстати, в колхозе было две еврейские семьи, жили бедно.

Началась война, пришли в наши Редьки немцы. Отец наладил связь с партизанским отрядом, который быстро был разгромлен. К тому времени двое старших братьев ушли на фронт, средний же учился в Мариуполе в ФЗО, сразу же был призван в диверсионно-подрывную школу.

Преследовать нас начали с первого дня оккупации. Соседи прятали, рискуя жизнью, отца и мать очень любили. Однако нас выследили полицаи и всех отправили в Мозырь, в еврейское гетто. Даже тут нам помогли соседи, снабдили картошкой, одеждой. В гетто же никого не кормили, всех ожидал расстрел. Чудом избежали смерти в Мозыре. После расстрела очередной группы мы, воспользовавшись неразберихой, убежали в родные Редьки. И там нас снова спасали соседи.

Скоро начали расстреливать тех, кто прячет евреев. И зимой 1942 года мы ушли в лес. Нас опять выследили. Отца расстреляли на моих глазах. Я убежала, провалилась в речку. Мокрая, пришла в дом Мазуркевичей, это дядя моей учительницы. В доме немцы. Он меня, продрогшую, на печку, утром на сеновал, там лошади стояли немецкие... Оставаться опасно. Через три дня вывел меня в лес, дав хлеба и сала.

Сколько я бродила по лесу, трудно сказать. Думала, далеко ушла, а всего километров за тридцать, в Турбинки. Устроилась работницей, мне уже 14 лет минуло. И тут меня тоже прятали. Здесь же я узнала, что в Редьках расстреляли мою мать и брата Веню, другой брат убежал, его расстреляли позже. Бесконечны были мои мытарства и беспределен страх. Спасли партизаны, зачислили в свою 37-ю ельскую партизанскую бригаду санитаркой (командир А. Мищенко). Потом, в 1944 г., командир отправил меня в педучилище. Я 30 лет учительствовала в школе. Братья вернулись с фронта в орденах и медалях.

Хочу назвать фамилии белорусов, поляков, русских из деревень Правда, Редьки, Загорины, Мерабели, Прудки, Турбинка, сохранивших мне жизнь. Вот они. Семья Пашковских (прятали родители моей молоденькой учительницы Ларисы Григорьевны); семья Мазуркевичей (о ней я рассказала); семья Мицуры Михаила и Натальи (у них я сидела в погребах); семья Шевченко, большая, бедная (если ставили цветок на окно — значит, опасно); семья Зинковских из колхоза «Правда»; семья Михайловой Марьи (взяла меня, а у самой семеро детей, пришли немцы, она повалила овцу, стриги, говорит, это чтобы лица моего не было видно, а сама белая, как полотно); семья Лепешей, староста Лукьянович, героическая семья Галицких из Турбинок, о которой надо бы рассказать отдельно. И еще много людей, фамилий которых я даже и не знала.

Низкий поклон им, если живы, а если нет, то пусть узнают о них дети и внуки. Пусть мое письмо будет ответом тем темным силам, которые нагнетают националистический психоз, провоцируя ненависть между народами. Как видите, это гнусная клевета, в народе нет антисемитизма, он всегда насаждался сверху.

В. Скокина
Москва

СЛОВАРЬ И ОБЪЯСНЕНИЯ К ТЕКСТУ

подлинный: настоящий
ФЗО: фабрично-заводское обучение
снабдили картошкой, одеждой: дали картошку, одежду
воспользовавшись неразберихой: воспользовавшись беспорядком
продрогшую: сильно замёрзшую
14 лет минуло: 14 лет исполнилось
мытарства: страдания (обычно: в поисках чего-то)

педучилище: педагогическое училище
учительствовала: работала учительницей
нагнетают националистический психоз: специально усиливают националистический психоз
гнусная: отвратительная
насаждался сверху: распространялся властями

РАБОТА НАД ТЕКСТОМ

До чтения

Все знают, насколько серьёзной и больной является тема войны для русского народа. Её даже называют по-другому, не Второй мировой, а Великой Отечественной. Этой теме уделяется важное место в исскустве, в литературе, в прессе. Её называют живой, спустя пятьдесят лет после начала этой войны. Но тема геноцида, тема массового уничтожения евреев не получала такого внимания, которое уделяется ей на Западе. И только недавно об этом стали открыто говорить и писать.

Прочитайте первый абзац из письма москвички Скоковой и скажите, почему она решила написать это письмо.

Во время чтения

Первый этап

1. Просмотрите второй абзац и найдите факты из биографии Марии Григорьевны.

2. Просмотрите письмо до конца. Найдите информацию о всех членах семьи Скоковой. Что случилось с ними во время войны?

3. Прочитайте письмо внимательно. Выберите один эпизод из военной жизни Марии Григорьевны, который произвёл на вас самое большое впечатление.

Второй этап

1. Кто по национальности люди, помогавшие во время войны Скоковой, о которых она говорит в своем письме?

2. Что она говорит о народном антисемитизме? Как вы понимаете выражение «насаждаться сверху»? Как можно объяснить его по-другому?

После чтения

1. Проблемы, связанные с «национальным вопросом», являются болезненными для многих государств.

2. Обсудите разные стороны этой проблемы по отношению к действительности в вашей стране.

3. Как решается проблема национальных меньшинств в вашем штате, городе, там, где вы работаете или учитесь?

НОВОЕ ИМЯ СТАРОЙ БИБЛИОТЕКЕ

Идет переоценка многих исторических событий и политических деятелей прошлых лет. В частности, неоднозначно отношение и к личности В. И. Ленина, который стараниями партийных идеологов превращен в божество, в объект безрассудного идолопоклонства. В стране ему установлены десятки, если не сотни тысяч памятников. Еще больше портретов и бюстов, без которых почти не обходится ни одно учреждение. А сколько предприятий и других организаций носят имя вождя Революции — начиная от захудалого колхоза и кончая большим городом! Об отдельных улицах, проспектах, площадях уже и не говорю.

В то же время мы нередко забываем увековечить память других достойных соотечественников. Возьмем хотя бы Государственную библиотеку имени В. И. Ленина. Как известно, создана она на базе музея, организованного собирателем древних книг и грамот — выдающимся государственным деятелем графом Н. П. Румянцевым. В свое время эту библиотеку так и называли — Румянцевской.

Не логично ли вернуть ей имя ее основателя? А у Владимира Ильича заслуженной славы и так хватает.

М. Головко
Иваново

СЛОВАРЬ И ОБЪЯСНЕНИЯ К ТЕКСТУ

начиная от захудалого колхоза: начиная от совсем бедного, маленького колхоза

РАБОТА НАД ТЕКСТОМ

До чтения

1. Прочитайте первое предложение письма Головко и попробуйте догадаться о его предмете. Как вы думаете, о чём оно?

2. Просмотрите письмо до конца и выпишите из него все имена. Как вы думаете, какая связь между именем В. И. Ленина и Н. П. Румянцева?

Во время чтения

1. Прочитайте письмо ещё раз. Найдите и выпишите примеры мест, которые носят имя Ленина.

2. В своём письме Головко пишет о переименовании многих учреждений в стране. Найдите в тексте место, где высказано предложение о переименовании самим Головко. О каком учреждении идёт речь?

После чтения

1. Вы, наверно, знаете примеры других перемен такого типа. Назовите их.

2. Некоторые люди считают, что переименования символизируют возврат к прошлому, некоторые считают это явление прогрессивным. Что вы думаете?

СОЗДАТЬ КОЛЛЕКЦИЮ ЗНАЧКОВ

12 апреля 1961 года первый человек вырвался в космическое пространство, преодолев силу земного притяжения. Сто восемь минут парил над нашей планетой корабль «Восток», пилотируемый Юрием Гагариным.

В 1969 году астронавт США Нил Армстронг ступил на поверхность Луны. С годами крепло понимание того, что наиболее эффективным путем в исследовании космоса является международное сотрудничество. Ярким подтверждением этого стал совместный советско-американский полет «Союз»—«Аполлон» в 1975 году. Затем совместные полеты космонавтов из разных стран стали неотъемлемой чертой освоения Вселенной.

Звездный путь человечества нашел многообразное отражение в предметах коллекционирования — почтовых марках, спичечных этикетках, памятных медалях... Своеобразной миниатюрной «энциклопедией в металле» стали значки на космическую тему, которые сопровождают едва ли не каждый взлет к звездам.

В моей коллекции значков есть специальный разел, посвященный космосу и его первооткрывателю Гагарину, он состоит из нескольких сотен значков. Демонстрация таких значков в США, на мой взгляд, вызовет интерес не только у коллекционеров, но и у всех тех, кто не относится равнодушно к истории развития космонавтики. Собранную воедино (2 стенда — 400 значков) коллекцию значков, отображающих развитие космической эпохи, я готов предложить для показа в США. Коллекция эта в соавторстве с американским фалеристом могла бы послужить основой для подготовки иллюстрированного издания, освещающего основные этапы освоения космоса.

Н. Сидоренко
Москва

СЛОВАРЬ И ОБЪЯСНЕНИЯ К ТЕКСТУ

неотъемлемой: обязательной
едва ли не каждый: почти каждый

РАБОТА НАД ТЕКСТОМ

Во время чтения

Первый этап

Просмотрите письмо москвича Сидоренко. Найдите абзац, в котором содержится главная информация и причина написания письма.

Второй этап

Можно сказать, что главной темой письма является:
— роль СССР в изучении космоса
— сотрудничество между СССР и США в области развития космоса
— организация обмена значков о космосе между СССР и США
— создание совместно советско-американского иллюстрированного издания о космосе
— влияние космических достижений на коллекционеров в СССР.

После чтения

1. Автор письма называет двух космонавтов: американца и русского. Какие ещё имена западных космонавтов вы знаете? А русских?

2. Вам интересна тема письма автора?

3. Вы сами что-нибудь коллекционируете? Что?

4. Может быть, вы напишете несколько слов о вашей коллекции в редакцию «Огонька»?

РЕКЛАМЫ

«ФРЕЗЕНИУС» НА СЛУЖБЕ ЗДОРОВЬЯ

ИССЛЕДОВАТЬ, РАЗРАБАТЫВАТЬ, ПРОИЗВОДИТЬ В ИНТЕРЕСАХ ЗДОРОВЬЯ

Из одних рук – компетенция в области фармакологии и медицинской техники

Диализные машины, диализаторы, CAPD, системы магистралей

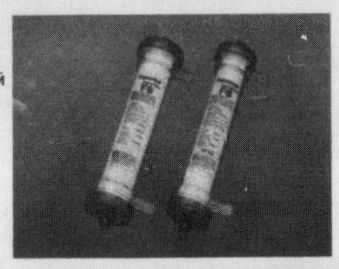

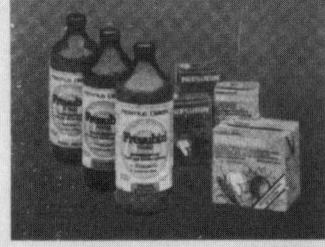

Парентеральное и энтеральное питание & техника

Плазменный эспандер и электролитные растворы

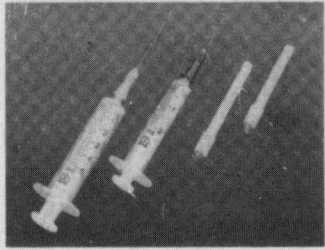

Стерильные предметы одноразового назначения

Инфузионные и шприцевые насосы
Дезинфекция

ВАШИ ПАРТНЁРЫ ДЛЯ:

Фармацевтика & медицинская техника

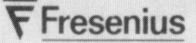

Fresenius

Fresenius AG, Bad Homburg,
Verwaltung:
Borkenberg 14, 6370 Oberursel Ts. 1,
Tel. (0 61 71) 60-0, West-Germany

Австроимплекс ГмбХ
Представительство фирмы
Фрезениус АГ в СССР
107053 г. Москва В 54,
гостиница Волга 13076, Дукучаев пер. 2,
тел.: 2 07 55 09, факс: 2 88 95 67

Консультация, планирование, строительство установок

Pharma plan

Pharmaplan GmbH,
Königsteiner Straße 2, Abteilung A,
D-6380 Bad Homburg v. d. H., Tel.: (0 61 72) 3 00 70.
Tlx.: 41 0559 phpl d, Telefax: (0 61 72) 30 07 39

Диализ & предметы одноразового назначения

ФРЕБОР

Совместное предприятие Фребор
СССР, 222120, г. Борисов, Минская обл.
ул. Строителей, 24, тел. 3 42 65

Представительство СП Фребор
при НПО „Белмедбиопром"
СССР, БССР, 220600 г. Минск,
ул. Варвашени 17, тел. 34 26 84
факс: 0 172/34 20 40

Более чем за 75 лет своей истории фирма «Фрезениус» прошла путь от «новичка», действовавшего в скромных масштабах, до предприятия, пользующегося международной известностью, программа которого целиком и полностью служит интересам здоровья. Основой продукции, выпускаемой предприятиями фирмы «Фрезениус», является высокий уровень научно-исследовательской работы. Научно-исследовательские подразделения с обширной программой разработок — к услугам наших партнеров. Служба помощи клиентам фирмы «Фрезениус» находится в 24-часовой готовности, чтобы доставить наши препараты и приборы на место применения.

Семь областей сбыта, в которых работает «Фрезениус АГ». Каждая из них по важности не уступает самостоятельному предприятию:

1. Производство лекарств.
2. Диагностика.
3. Диализ.
4. Диететика.
5. Растворы для внутривенных вливаний.
6. Интенсивное лечение и гигиена.
7. Урология.

Ответственность перед медициной, исследования и фармацевтическая компетентность — такова основа службы здоровья. Обмен опытом между фирмой «Фрезениус» и врачами имеет очень важное значение для разработки новых медикаментов и их испытания. Многие медицинские конгрессы, результаты которых часто означали знания, в высшей степени полезные для врача, обслуживающего медперсонала и пациента, были проведены благодаря активности фирмы. Фирма «Фрезениус» придает особое значение организации мероприятий по повышению квалификации врачей и обслуживающего медперсонала, проведению симпозиумов и «круглых столов», а также ежегодному присуждению премий за особые достижения в области медицины.

«Фрезениус» — это предприятия, действующие во многих странах мира. Его дочерние общества имеются в Англии, Нидерландах, Италии, Франции, Австрии, Бразилии, Швейцарии и США. Все нити, обеспечивающие управление, сходятся в Оберурзеле. Численность занятых на предприятиях фирмы «Фрезениус» — более 4500 сотрудников".

Производственная программа фирмы осуществляется на четырех предприятиях (в Бад-Хомбурге, Швайнфурте, Санкт-Венделе и Мюнхене). Программа простирается от таблеток и растворов для внутривенных вливаний, пищи для потребления в жидком виде до медицинских приборов, управляемых с помощью компьютеров.

Фирма «Фрезениус» видит свою задачу в том, чтобы благодаря высокому качеству своей продукции и поддержке новых методов лечения, а также благодаря оптимальной информации обеспечить себе лидирующие позиции в фармацевтической промышленности. О таком стремлении свидетельствует состояние дел в обеих сферах активности фирмы — в фармацевтике и медицинской технике. Вы сможете убедиться, что фирма представлена в них изделиями, отвечающими самым высоким требованиям. «Фрезениус» будет и в дальнейшем выполнять свои задачи, основываясь на прогрессивных идеях, тесно сотрудничая с учеными и клиницистами, осознавая свою ответственность за качество услуг, оказываемых больницам и врачам-практикам. Это означает полное творческое применение способностей всех сотрудников в интересах охраны здоровья.

Телефон совместного предприятия «Фрезениус СП» в Москве 118-83-47.

---

* С 1991 года совместное германо-советское предприятие в Борисове под Минском будет изготовлять диализаторы и зондовые системы.

«ФРЕЗЕНИУС» НА СЛУЖБЕ ЗДОРОВЬЯ

РАБОТА НАД ТЕКСТОМ

1. Просмотрите рекламу «Фрезениуса». Что это такое?
   — медицинская компания
   — технологическая фирма
   — организация службы здоровья
   — международная аптека.

2. Найдите место в тексте, где названы главные сферы «Фрезениуса».

3. В каких странах действует эта фирма? Сколько лет она существует?

4. Если вы захотите обратиться в эту фирму, по какому телефону или адресу можно это сделать?

RAMAX
Polaroid

ДИСКЕТЫ ДЛЯ СЕРЬЕЗНОГО ПОЛЬЗОВАТЕЛЯ

Фирма POLAROID известна своими высококачественными разработками в области магнитных накопителей информации. Одна из фирменных торговых марок — PROFESSIONAL QUALITY™ (Профессиональное качество) обеспечивает максимальные гарантии безотказной работы. Важные преимущества стандарта PROFESSIONAL QUALITY™:

— полная двадцатилетняя гарантия;
— все дискеты PROFESSIONAL QUALITY™ проходят 100% — верификацию рабочей поверхности.

**Фильтры POLAROID
СОХРАНЯТ ВАШЕ ЗРЕНИЕ
при работе с монитором**

Оптические фильтры с циркуляционной поляризацией — оригинальный продукт фирмы POLAROID. Новые фильтры CP-50 имеют интересное конструктивное исполнение — они выполнены на полиэстеровой пленке с антибликовым покрытием, что позволяет получить хорошие параметры при малом весе и сравнительно низкой цене. Фильтры ПОЛНОСТЬЮ ГАСЯТ БЛИКИ на экране монитора и повышают его контрастность. Кроме того, фильтры поглощают существенную часть СВЧ-излучения монитора. Приобретя поляризационные фильтры фирмы POLAROID, вы не только улучшите условия работы, но и обезопасите свое зрение при длительной работе с ЭВМ.

Совместное предприятие «РАМАКС» поставляет широкую номенклатуру гибких дисков и оптических экранов фирмы «Поляроид».

Оплата в рублях.
Поставка с московского склада.
Адрес: 103031, г. Москва, а/я № 22
Телефоны: 274-10-05
          261-46-39.
Телефакс: 292-65-11 СП РАМАКС № 1773
Телекс: 411700 СП РАМАКС № 1773

РАМАКС

РАБОТА НАД ТЕКСТОМ

1. Посмотрите на рекламу «Рамакса» и скажите, какую продукцию предлагает эта фирма?
   — компьютеры
   — фотоплёнку
   — фотоаппараты
   — дискеты
   — оптические фильтры
   — видеокамеры.

2. По какому телефону и адресу можно обратиться в эту фирму? Как можно оплатить покупку:
   — рублями
   — долларами
   — чеками
   — кредитной карточкой.

3. Какое сокращение используется в тексте вместо слова «компьютер»?

«ОРТЭКС» НЕ ЖДЕТ РЫНКА ОН ЕГО ФОРМИРУЕТ, ДЕЛАЯ ВАШИ РУБЛИ СВОБОДНО КОНВЕРТИРУЕМЫМИ СЕГОДНЯ

ВНЕШНЕЭКОНОМИЧЕСКОЕ КОММЕРЧЕСКОЕ ПРЕДПРИЯТИЕ «ОРТЭКС» ПРЕДЛАГАЕТ:

ОРГТЕХНИКУ И СРЕДСТВА СВЯЗИ:
телефонные аппараты; телефонные аппараты с автоответчиками; телефаксы; фотокопировальные машины формата А3, А4; электронные печатные машины с русским и латинским шрифтом; диктофоны; настольные бухгалтерские калькуляторы; калькуляторы с печатающим устройством; термобумагу для телефаксов; картриджи для фотокопировальных машин формата А4.

ТЕЛЕВИДЕОАППАРАТУРУ И ОБОРУДОВАНИЕ:
телевизоры с экраном от 36 до 72 см; видеомагнитофоны VHS PAL/SEKAM, VHS multisystem; видеоплейеры; видеокамеры VHS movie.

БЫТОВЫЕ ЭЛЕКТРОТОВАРЫ:
кондиционеры; портативные дизель-генераторы; холодильники; морозильные шкафы; электрические и газовые плиты; СВЧ-печи; пылесосы; кухонные комбайны; швейные, вязальные, стиральные машины.

НОВЫЕ И БЫВШИЕ В УПОТРЕБЛЕНИИ ЛЕГКОВЫЕ АВТОМОБИЛИ, МИКРОАВТОБУСЫ, ДЖИПЫ:
Форд «Транзит», «Скорпио», «Сьерра»; Линкольн «Континенталь»; Мерседес «190Е», «200Е», «280SE», «300SE»; Вольво «460GL», «490GL»; Опель «Омега»; Джип «Чероки»; Ниссан «Патрол»; автобус «Мерседес-0303» (49 мест); автобус «Неоплан» (77 мест).
Единичные, мелкооптовые поставки организациям по договорам лизинга в сжатые сроки.
Оплата по аккредитиву, депозиту либо чековой книжке!

Импортные поставки организациям — по рыночным ценам с оплатой только в рублях продукции ведущих фирм Японии, США, Западной Европы, Южной Кореи.

Наш адрес:
117593, Москва, «ОРТЭКС»
телекс 131310 ORT SU
факс (095) 427-6410
телефоны: 427-11-01 (5 линий).
427-57-36, 427-66-11.

Украинское представительство:
Киев-1, гостиница «Москва», «ОРТЭКС»
факс (044) 229-3721, телефон 228-00-19 (5 линий).

ЭСНАРТ

1 руб. Индекс 70663

ОРТЭКС

РАБОТА НАД ТЕКСТОМ

1. Посмотрите на рекламу «Ортэкса» и скажите, какие четыре категории товаров предлагает это предприятие?

2. Какие страны мира производят эти товары?

3. Как можно оплатить покупку?

4. Выпишите или назовите все английские слова, которые употреблены по-английски, без перевода.

5. Выберите один раздел и выпишите из него или назовите все слова, заимствованные из английского языка или других языков, которые вы знаете.

6. Найдите номер факса и номер телефона этого предприятия.

Госпиталь № 2 для инвалидов Отечественной войны в мае 1991 года проводит благотворительный концерт с целью сбора средств для лечения инвалидов Отечественной войны и воинов-афганцев.

Приглашаем для участия в качестве спонсоров промышленные предприятия, СП, кооперативы и частных лиц.

Заявки и справки по телефонам: 376-49-41, 172-97-20 (с 10 до 16 часов).

Наш адрес: 109472, г. Москва, Волгоградский проспект, дом № 168.

ГОСПИТАЛЬ № 2

РАБОТА НАД ТЕКСТОМ

1. Просмотрите текст и ответьте на вопросы.
   - Что?
   - Где?
   - Когда?
   - Зачем?

2. Кто организует это мероприятие? По какому адресу или телефону можно обратиться?

3. К кому обращаются авторы объявления и почему?

4. Как вы поняли слово «благотворительный»? Объясните это по-русски.

5. Вы заметили, что в тексте указаны участники двух войн? Каких? Как их называют в объявлении?

СибИнвест

БАНК

«СИБИНВЕСТБАНК» НЕ ПРОВИНЦИАЛ В БАНКОВСКОМ ДЕЛЕ: ЕГО УСЛУГАМИ ПОЛЬЗУЮТСЯ ОРГАНИЗАЦИИ И ЧАСТНЫЕ ЛИЦА В ЛЮБОМ УГОЛКЕ НАШЕЙ СТРАНЫ.

НАС ЗНАЮТ, НО МЫ ХОТИМ, ЧТОБЫ О НАС ЗНАЛИ И ВЫ.

«Сибинвестбанк» — это:

— комплексное обслуживание предприятий и организаций
— незаменимый посредник в лизинге и факторинге
— вклады населения и работа с ценными бумагами
— гарантированное получение 10% годовых по депозитным вкладам
— поддержка и инвестиции перспективных форм бизнеса.

НЕ ДУМАЙТЕ, ЧТО «СИБИНВЕСТБАНК» — ЭТО ДАЛЕКОЕ И НЕДОСТИЖИМОЕ!

Звоните нам:
44-37-39,
44-84-00.
Адрес: 630024,
Новосибирск-24,
ул. Мира, 55.
Телетайп:
15-74 «Банк».

ЭСНАРТ ■ 285·77·09 ■ 285·47·98 ■

СИБИНВЕСТБАНК

РАБОТА НАД ТЕКСТОМ

1. Посмотрите на рекламу «Сибинвестбанка» и скажите, где он находится.

2. Вы поняли, что «Сибинвестбанк» сложное слово и состоит из трёх частей. Назовите каждую часть, объясните, что они значат.

3. Вы поняли, что означает «лизинг» и «факторинг»? Что?

4. Если русский гражданин положит в банк тысячу рублей, сколько он получит в конце года? Сколько процентов платит банк? Это хорошо или плохо? Западные банки платят больше или меньше?

В МЕЖДУНАРОДНОМ ЦЕНТРЕ "ОМОЛОЖЕНИЕ"

Вы обретете специальность, с которой не страшен никакой переход к рынку!

ВСЕ, ЧТО ВАМ УГОДНО:

- мануальная терапия
- рефлексотерапия
- лечебный массаж
- косметология
- маникюр-педикюр
- экстрасенсорика
- фитотерапия
- электроэпиляция
- психологическая астрология
- медицинская сестра
- парикмахер
- стоматолог
- гомеопат
- ювелир-гравер
- менеджер
- брокер
- водитель
- английский язык
- бортпроводник
- школа гувернеров
- делопроизводитель
- школа фотомоделей

Занятия проводятся по американскому методу интенсивного обучения.

Иногородние обеспечиваются гостиницей.
АДРЕС: УЛ. РИМСКОГО-КОРСАКОВА, 16.
ТЕЛ.: 907-21-48, 907-21-49.

ОМОЛОЖЕНИЕ

РАБОТА НАД ТЕКСТОМ

1. Посмотрите на рекламу и постарайтесь догадаться, не читая, что в ней предлагают.

2. Прочитайте первое предложение и проверьте себя, правильно ли вы догадались?

3. Как можно описать этот центр?
   — лечебный
   — торговый
   — учебный.

4. Какие специальности, перечисленные в рекламе, могут быть нужны в следующих местах:
   — в поликлинике
   — в салоне красоты
   — в ювелирном магазине
   — в Аэрофлоте.

5. Какие еще специальности остались? Назовите их.

6. Найдите и прочитайте то место в тексте, где говорится о методах, которые используются в центре.

7. В этот центр приглашают только москвичей или жителей разных городов? Найдите место в тексте, где об этом говорится.

ВАШ БИЗНЕС БЛОКНОТ № 2
• ЭСКАРТ • ТЕЛ.: 285-77-09 •

ВВО «ВНЕШТЕРМИНАЛКОМПЛЕКС» при ГУГТК СССР осуществляет декларирование, таможенное консультирование, фактурно-лицензионные отправления, хранение грузов на таможенных складах-терминалах, издательство и брокерскую деятельность, таможенные аукционы.
113184, Москва, ул. Землячки, 3. Телефон 233-04-25, телекс 412190 ZENIT, телефакс 200-42-13.

ТОРГОВО-ПРОМЫШЛЕННЫЙ ЦЕНТР «ИНГЕОКОМ» продает организациям и гражданам — за рубли — комплектующие и расходные материалы ПЭВМ PC/XT, PC/AT, тонеры для ксероксов, ленты и кассеты к принтерам. За СКВ со счетов «Б» и «В» Внешэкономбанка — холодильники, стиральные машины, аудиовидеотехнику. Бесплатно вам организует продажу неликвидов и сверхнормативных запасов. Купит списанную автомобильную, строительную и оргтехнику.
Москва, пер. А. Гайдара, д. 10, стр. 2, телефон 921-88-31.

АССОЦИАЦИЯ «СТРОЙТЕХИНФОРМАТИКА» предлагает информационные технологии проектирования, бухгалтерского учета, планирования, материально-технического обеспечения и автоматизации делопроизводства в строительстве с использованием автоматизированных технологических линий и рабочих мест. Осуществляет поставки персональных компьютеров, совместимых с IBM-PC/AT, периферии и локальных сетей, средств оргтехники, лицензионно чистого программного обеспечения. Расчеты в рублях по ценам на 20% ниже рыночных.
Справки по телефонам в Москве: 200-44-00, 200-43-06.

СОВМЕСТНОЕ СОВЕТСКО-ШВЕЙЦАРСКОЕ ПРЕДПРИЯТИЕ «АС» предлагает систему Microsoft Windows версий 2.03 и 3.0, Cyrwin — набор программных средств, обеспечивающих полную, корректно работающую русификацию систем Windows, фирменное программное обеспечение для Windows, профессиональные шрифты для лазерных принтеров, лазерные принтеры фирмы Hewlett Packard. Все расчеты — в советских рублях!
129010, Москва, а/я 77, телефоны: 292-03-06, 230-33-73.

МЕЖОТРАСЛЕВАЯ АССОЦИАЦИЯ ИНДУСТРИАЛЬНО-СИСТЕМНОГО СТРОИТЕЛЬСТВА предлагает новую разработку мобильной базы модульного потока для монолитного домостроения мощностью 50(25) тыс. кв. м общей площади в год. В состав базы входят 32 объекта на площади 4,7 га. Оборачиваемость базы — шестикратная.
Москва, телефоны: 233-19-40, 297-30-71.

БЛАГОТВОРИТЕЛЬНЫЙ КООПЕРАТИВНО-КОММЕРЧЕСКИЙ ЦЕНТР «АЛЕНЬКИЙ ЦВЕТОЧЕК» предлагает видеоаппаратуру, множительную технику, оргтехнику, телефаксы, аудиовидеокассеты иностранного производства, американские сигареты. Оплата в рублях по безналичному расчету.

Адрес: ВДНХ СССР, 7-й павильон. Телефоны: 150-55-77, 562-96-32.

СП «ПАРАГРАФ» предлагает наилучшие шрифты для лазерных принтеров, русификаторы популярнейших пакетов, защиту компьютерной информации ParaDisk, пакет МАСТЕР, редактор текста ЛексиконПлюс, систему связи между ЕС ЭВМ и ПК, шахматные, игровые и психологические программы.
103051, Москва, Петровский б-р, 23. Телефоны: 200-25-66, 924-17-81, 928-12-21.

ИНСТИТУТ ЦНИИЭП КУРОРТНЫХ ЗДАНИЙ принимает заказы на разработку проектов гостиниц, санаториев, горнолыжных комплексов, пионерских лагерей, домов отдыха. Выполняет научные обоснования, готовит задания.
Москва, Волоколамское шоссе, 1. Телефоны: 158-04-61, 158-12-82.

СП «МИГ-MPG» предлагает лицензии на производство легкой женской и детской одежды. Модели разработаны лучшими американскими модельерами фирмы «МАККОЛ ПАТТЕРНЗ». Оплата в рублях. Москва, Пакгаузное шоссе, 1.
Телефон 153-10-21, факс 9430007.

«СКИФ» — это брокерские услуги на Российской товарно-сырьевой бирже. Физические лица, желающие стать брокерами на РТСБ, и юридические лица, нуждающиеся в услугах биржи, вас ждут по телефонам: 516-87-32, 476-91-24.
Для писем: 120224, Москва, а/я 101.

ШКОЛА МАЛОГО БИЗНЕСА — советские и зарубежные специалисты ведут подготовку и повышение квалификации менеджеров. Школа имеет комфортабельную гостиницу. Выдается сертификат менеджера. Школа осуществляет научно-внедренческую работу, проводит консультации.
Москва, телефоны: 155-07-89, 155-01-69.

ЦЕНТР «КОНСТРУКТОР» AUTODESK Authorised Dealer поставляет «под ключ» рабочие места конструктора на базе ПЭВМ IBM PC и системы AutoCAD. Устанавливает дополнительное программное обеспечение, значительно повышающее эффективность чертежно-конструкторских работ.
Москва, Шверника, 14/2.
Телефон 126-11-54.

КЭЦ «ОПТИМАКС»: ВЫСШАЯ КОМПЬЮТЕРНАЯ ШКОЛА ДЛЯ РУКОВОДИТЕЛЕЙ: компьютерная грамотность, вычтехника применительно к вашим условиям, маркетинг. Компьютеры: поставка, программирование, локальные вычислительные сети «под ключ». Независимая экспертиза проектов заводов стройматериалов.
125190, Москва, а/я 131.
Телефон 152-83-14.

МП «КАНТРИ»: все виды проектных работ, сметной документации и экономических расчетов по строительству и реконструкции зданий и сооружений любого типа; юридическая консультация граждан, предприятий, организаций и кооперативов, в том числе по созданию малых предприятий; пакеты документов по малым предприятиям, обществам с ограниченной ответственностью, акционерным обществам; бухгалтерский учет, ведение финансовой документации.
Телефон 277-38-44.

ПРЕДПРИЯТИЕ «КОНТУР» проводит разработку и установку систем охранной сигнализации. Установку систем спутникового телевидения. Продажу адаптера IBM-PC. Обучение по программе РСАД разводки плат, стыковку с имеющимися станками, разводку и изготовление однослойных и многослойных плат.
Телефон 535-64-40.

МАЛОЕ НАУЧНО-ПРОИЗВОДСТВЕННОЕ ПРЕДПРИЯТИЕ «ОБУЧЕНИЕ, НАУКА, ПРОИЗВОДСТВО» реализует со склада аппаратно-программные комплексы на базе ПЭВМ IBM PC/AT/XT. Одновременно поставляются дискеты на 360 КВ и на 1,2 МВ. Оптовым покупателям предоставляется скидка.
Москва, телефон 291-42-97.

ОРГАНИЗАТОРЫ и УЧРЕДИТЕЛИ МЕЖДУНАРОДНОГО КОНКУРСА КОМПЬЮТЕРНЫХ ИГР ждут ваших разработок, стимулирующих взаимопонимание и сотрудничество. Всесоюзный этап конкурса завершится 1 марта выставкой-демонстрацией таких программ на ВДНХ СССР.
Условия конкурса можно узнать по телефонам: 240-84-59, 923-09-90.

БРОКЕРСКАЯ КОНТОРА «ВЕКТОР СП» предлагает свои услуги по выполнению всех видов операций на Российской товарно-сырьевой бирже. «Вектор СП» поможет вам в решении ваших проблем. Телефоны: 449-51-39, 449-58-40. Телефакс 449-57-76.

НТЦ «МОСКВОРЕЧЬЕ»: Новая политика во взаимоотношениях с творческими коллективами. Льготные условия и 100-процентная гарантия полной и своевременной выплаты по договорам подряда, а также участие в обеспечении коллективов заказами на продовольственные и промышленные товары. Москва, ул. Пятницкая, 36. Телефоны: 231-29-72, 231-49-13.

ОРГАНИЗАЦИЯ обеспечивает поставку радиоэлектронной, вычислительной и оргтехники из ФРГ.
103045, Москва, а/я 90. Телефоны: 437-52-98, 436-71-64, телекс 411700 INSYS 2071, факс 200-22-15 (200-22-17) INSYS 2071.

ОРГАНИЗАЦИЯ приглашает предприимчивых, активных людей (включая инвалидов) для хорошо оплачиваемой работы на домашнем телефоне.
Москва, телефон 359-25-96.

Опубликовать небольшое объявление в «Бизнес-блокноте» в сжатые сроки в журнале «Огонек», а также в газетах «Московские новости», «Советская культура», «Торговая газета», «Куранты», «Гудок» вам поможет ТО «Эскарт». Звоните нам по телефонам: 285-77-09, 359-25-96.

ВАШ БИЗНЕС-БЛОКНОТ № 1

РАБОТА НАД ТЕКСТОМ

Рубрика эта, как видите, называется «Ваш бизнес-блокнот». Просмотрите материалы, которые публикуются под этой рубрикой, и скажите, как по-другому можно было бы её назвать. Как можно точнее определить жанр этого раздела.

1. Посмотрите на объявления, непечатанные во втором номере «Бизнес-блокнота». Скажите, какие из этих объявлений связаны с финансовыми вопросами и какие нет?

2. Если вы определили правильно, то одно объявление не связано с деньгами. Какое? Во всех остальных объявлениях:
   — что-то продают или
   — предлагают услуги.
   Распределите их по этим группам.

3. Среди объявлений, предлагающих услуги, есть две категории: объявления об учебе и объявления о типографских работах. Найдите их.

4. Составьте список того, что можно купить по этим объявлениям.

5. Может быть, вы хотите принять участие в международном конкурсе или получить консультацию по компьютерной технике? По какому телефону надо позвонить и что надо сказать? Запишите этот разговор.

6. Может быть, вы захотите воспользоваться услугами «Бизнес-блокнота» и поместить своё объявление. По какому телефону надо позвонить? Какое объявление вы можете предложить?

тел. 285-77-09

ВАШ БИЗНЕС БЛОКНОТ № 2

ЭКСАРТ

СП «ГЕОСОФТ» и СП «РОБОР» предлагают адаптеры с программным обеспечением для сопряжения любых средств связи с ЭВМ IBM PC/XT/AT, ЕС-1840/41. Адаптер позволит организовать телефонно-телеграфные сети, обеспечить доступ к региональным международным базам данных. Установка и гарантийное обслуживание обеспечиваются. Оплата в рублях и СКВ.

121151, Москва, Резервный проезд, 11а, телефоны: 249-32-94, 249-66-71, телекс 414755 GEOS SU, факс 249-23-59. Кишинев, телефон 22-22-59.

Технологическая школа бизнеса «АСКО» гарантирует вам успех в условиях рыночной экономики, если вы пройдете уникальный курс обучения. Лучших выпускников ждет стажировка в Малайзии и Греции.

Москва, телефоны: 238-07-11, 166-20-20.

АКЦИОНЕРНОЕ ОБЩЕСТВО «ОБЪЕДИНЕНИЕ ЭЛЕКС» продолжает продажу акций юридическим и частным лицам. Цена акций — по текущему курсу. Размеры дивидендов устанавливаются ежегодным собранием акционеров.

Москва, телефон 208-68-42.

ПРЕДПРИЯТИЕ «ИНТЕС» разрабатывает и поставляет «под ключ» разнообразные АСУ предприятиям на базе автоматизированных рабочих мест и вычислительных сетей, включая подсистемы планирования, оперативного управления, учета и подготовки документов с проверкой национальной орфографии.

115569, Москва, Шипиловская, 17/2, 392-09-04.

«ИНТЕРКОМ» предлагает взаимовыгодный обмен стройматериалов, мин. удобрений, продукцию тяжелой и легкой промышленности предприятий Воскресенского района на товары народного потребления и продукты питания.

Обращаться: 140200, Воскресенск, ул. Советская, Воскресенский Агропромбанк, «Интерком», телефоны: (244) 259-38, (095) 155-01-61. Факс (095) 155-01-68.

ТВОРЧЕСКОЕ ОБЪЕДИНЕНИЕ «ИНИЦИАТИВА» при участии ВГИКа открывает Школу киноменеджеров в Ялте (санаторий «Марат»). Преподаватели — ведущие специалисты по экономике кино, маркетингу. Срок обучения 12 дней, с февраля по март. Стоимость обучения — 1500 рублей. По окончании школы выдается сертификат с печатью ВГИКа.

Телефоны в Перми: (34-22) 45-45-00, 64-34-16.

МЕЖДУНАРОДНАЯ АССОЦИАЦИЯ «ЗЕНИТ-ИНТЕР» поставляет электронное оборудование (телефаксы, ксероксы, калькуляторы, телефонные аппараты). Срок выполнения заказа до 60 дней. Минимальный заказ — 200 000 рублей или 10 000 долларов.

Адрес: 113162, Москва, ул. Городская, 2/7. Телефон 237-11-45.

НПК «ДАОС» реализует техническую документацию, принимает заказы на разработку программного обеспечения, оборудования для переработки сельскохозяйственной продукции; классификации сыпучих материалов; дробления минерального сырья и отходов производства; производства стройматериалов и бытовой техники.

Москва, телефон 196-42-20.

СП «ТРИФО» поставляет: персональные компьютеры IBM PC, любую периферию, ксероксы, программное обеспечение, импортную видеотехнику.

Оплата в рублях или СКВ. Быстрое обслуживание, низкие цены.

Москва, телефоны: 928-00-30, 334-82-90. Факс 292-65-11 ТРИФО BOX 7740.

ПРЕДПРИЯТИЕ «АУДИТ-ТЕХНОЛОГИЯ» — это гарантия исполнителям 90% фонда оплаты труда во всех отраслях науки и техники. Временным трудовым коллективам мы не обещаем невозможного.

Наш адрес: 125057, Москва, а/я 513. Телефон 231-19-61.

СПЕЦИАЛИЗИРОВАННОЕ УПРАВЛЕНИЕ выполняет работы по огнезащите, теплоизоляции, пескоструйной очистке, торкретированию, вакуумированию бетонных полов, водопонижению, продавливанию стальных футляров, мягкой кровле, гидроизоляции, поризованной стяжке, монолитным бетонным работам.

Москва, телефоны: 354-87-74, 354-00-00.

МОСКОВСКИЙ КОММЕРЧЕСКИЙ БАНК «ЭКСПРЕСС-КРЕДИТ» располагает необходимыми ресурсами для предоставления кредитов под высокоэффективные мероприятия. Оформление кредита занимает минимальное время.

Наш адрес: Москва, 3-я Прядильная улица, 3. Телефоны: 163-73-62, 367-29-79.

ВАШ БИЗНЕС-БЛОКНОТ № 2

РАБОТА НАД ТЕКСТОМ

1. Среди материалов рубрики выделяются два разных типа. Один из них связан с продажей и финансовыми операциями. А другой? Как можно определить содержание материала второго типа?

2. В публикациях такого типа очень часто встречаются сокращения. Найдите аббревиатуры следующих названий:
   — Всесоюзный государственный институт кинематографии
   — совместное предприятие
   — свободно конвертируемая валюта.

3. Вы, наверно, заметили, что в «Блокноте» некоторые слова даны по-английски. Найдите пример. Выпишите его.

4. Какое из этих объявлений вы бы посоветовали прочитать человеку, который
   — хочет стать бизнесменом
   — нуждается в хорошем калькуляторе
   — ищет видеомагнитофон
   — хочет создать кооператив и нуждается в деньгах
   — мечтает поехать в Грецию.

5. Выпишите предметы техники, которые можно купить по рекламе. Некоторые из них заимствованы из английского языка, другие определяются русскими названиями. Выпишите их в две колонки, английские отдельно от русских. Назовите те, у которых есть два названия — и русское, и английское.

6. Прочитав эти объявления, вы теперь можете составить своё. Что вы будете рекламировать? Может быть, вы хотите открыть своё СП в Москве, Харькове или другом городе? Чем будет заниматься это предприятие? Как вы его назовёте? Что вы можете предложить российскому потребителю?

ВАШ БИЗНЕС БЛОКНОТ № 3

тел. 285-77-09

ОБЩЕСТВЕННО-ГОСУДАРСТВЕННОЕ ОБЪЕДИНЕНИЕ «МУЗЕЙ МОДЫ» на ВДНХ СССР создает уникальную коллекцию мод с древнейших времен до 60-х годов нашего века. Музей принимает и покупает у населения и организаций костюмы любой этнографической принадлежности, аксессуары, костюмные и нательные украшения, предметы быта. Предметы приобретаются по договорным ценам. Обращаться по телефонам: 181-65-69, 438-67-67 (вечер).

УЧЕБНО-МЕТОДИЧЕСКИЙ ЦЕНТР «ПАНАЦЕЯ» приглашает на курсы массажа, ЛФК, рефлексотерапии, биоэнергетики, косметики, фитотерапии, работников «Хосписа». Занятия проводятся по оригинальным методикам с использованием импортного оборудования. По окончании выдается удостоверение. Телефон: 258-62-92.

АССОЦИАЦИЯ «НОВЫЙ ПОДХОД» предлагает пользователям ПЭВМ: „File Protection" — систему защиты файлов от компьютерных вирусов и несанкционированного копирования; АП-Картотека — неструктурированную базу данных; АП-Договор — систему учета и ведения договоров; RED — резидентный текстовой редактор.
Телефоны: (095) 425-82-31, (095) 582-47-50.

ХОЛДИНГОВЫЕ ФИРМЫ ЭЛБИМ-БАНКА предлагают за рубли: компьютеры 286, 386; ксероксы формата А3, А4; телефаксы «Мурата-5»; телевизоры; видеомагнитофоны; профессиональные музыкальные инструменты; видеоклипы; концертные программы; легковые и грузовые автомобили; оборудование для кирпичных заводов; поточные линии для мясокомбинатов. Оплата по безналичному расчету. 125047, Москва, 2-я Тверская-Ямская, 15, телефоны: 251-99-05, 251-02-62, телефон и факс в Ленинграде: 151-52-19.

КООПЕРАТИВ «ОБАЯНИЕ» — курсы косметики, эпиляции, телефон: 297-07-95; массажа, точечного массажа, телефон: 301-85-27. Программа утверждена Минздравом СССР, выдается свидетельство. Делаем эпиляцию, телефон: 297-97-20. Покупаем волосы, возможен обмен на импортные товары, телефон: 437-04-89. Купим квартиру, дачу (Москва), телефон: 173-41-04.

ВАШ БИЗНЕС-БЛОКНОТ № 3

РАБОТА НАД ТЕКСТОМ

До чтения

1. Вы уже знакомы с рубрикой «Ваш бизнес-блокнот». Какой материал, какую информацию можно найти в этой рубрике?

2. Как вы думаете, кто авторы материалов на этот раз?

Во время чтения

1. Просмотрите материалы рубрики и выпишите авторов объявлений.

2. Выпишите, чем занимаются или что предлагают эти предприятия или организации.

3. Куда надо обратиться, если вы хотите
   — продать старые бусы
   — научиться делать массаж
   — купить компьютер
   — получить помощь в работе с компьютерной информацией
   — продать квартиру
   — купить гитару
   — стать косметологом.

4. Какой способ оплаты указан в рекламе? Найдите эту информацию.

5. Вы заметили, что не во всех объявлениях в адресе указан город? Как вы думаете, почему? Вы можете догадаться, какой это город или это невозможно?

6. Некоторые из организаций, опубликовавших эти объявления, имеют специальные названия, используют собственные имена. Выпишите их. Переведите на свой родной язык. Какие из них кажутся вам особенно удачными, «говорящими», отражающими характер работы организации? Какие кажутся вам неудачными или, может быть, смешными и почему?

После чтения

Вас заинтересовали эти объявления или по крайней мере некоторые из них? Если вам захочется или придётся обратиться в одно из этих предприятий и вы позвоните по указанному телефону, как будет проходить такой разговор? Напишите диалог, который может состояться между вами и представителем этого предприятия.